克莉絲汀．黑姆施泰特 Kristen Helmstetter——著　聿立——譯

5分鐘改寫潛意識，實現任何目標

# 咖啡時間的自我對話

收錄夢想成真「自我對話腳本」

# ◎各界好評推薦

咖啡時間的自我對話不僅切實可行，讀者更能從本書的對話腳本中，反思自己的負面思維並重新做出選擇。

——謝明憲，心靈文字工作者、《祕密》譯者

這本書，輕鬆好讀。書中的理論，很熟悉，卻不落俗套。讓人忍不住怦然心動，畫線做筆記。應該是作者明晰的做法、真摯自然的語調，帶有特殊的感染力，讓人會心一笑，並想要跟著作者一起活出有趣、有活力，心想事成的人生。

——黃淑文（作家）

本書把個人身心成長課程中常用來改變自我信念和潛意識程式的「自我正向肯定句」技巧，結合培養《原子習慣》的精神，將其喜悅感受化和程式儀式化；利用放鬆、喜悅地享受美味的自我咖啡時光（也是能量學上的高頻率時刻）來念自我正向肯定句，的確是絕佳時機，讓人更容易接受且每日去做，真的是好棒的主意！

本書前半部深入地說明自我對話、正向肯定句的科學原理、技巧和方法，後半部更貼心地幫你把人們最想改善的健康、關係、成功等主題的自我對話腳本都準備好了，眞是本實用的自我增進操作手冊，推薦一讀。

——周介偉（光中心創辦人）

作者的公公是「自我對話之父」沙德．黑姆施泰特，其著作《練習與自己對話》的譯者正好就是我。而「每天早上」結合喜歡喝咖啡和自我對話的正面習慣，這種充滿儀式感的「習慣堆疊」，作者因此找到了自己的靈魂、重心和「亮光」。相信我們也能像作者一樣。

——王莉莉（《祕密》系列譯者、《啓動夢想吸引力》作者）

咖啡時間的自我對話是既可靠又實用的方法，能改寫你的大腦程式，改變你的人生。這本書激勵人心，讓人充滿活力，正是我一直在尋找的方法。

——妮姬．泰勒（Nikki Taylor），《活出夢想》（*Living the Dream*）作者

# ◎讀者強力推薦

- 我們所處的疫情時代超需要這本書……本書輕鬆有趣又刺激。
- 我每天都期待咖啡時間的自我對話！這絕對是我從現在起每天早晨一定要做的一件事！
- 這本書非常好。每天練習，一定有效。
- 我想買這本書送給我愛的每個人！這本書讓我大開眼界。《咖啡時間的自我對話》改變了遊戲的規則！
- 我深受負面的自我對話困擾多年，總是要花很大的力氣才能說服自己保持愉快的心情，這本書改變了遊戲規則。我現在眞正了解正面思考的力量，以及內在對話對心情和行爲的影響。

- 本書用字詼諧，可感受到作者的正能量從書裡散發出來。我把這本書推薦給認識的每個人，也帶著幾位朋友和我一同踏上咖啡時間的自我對話之旅。
- 我太喜歡這本書了，讀到一半就訂購一本寄給我女兒。
- 我非常感恩能讀到這本書。把書中的建議融入到生活中後，我變得更快樂，而且現在我似乎只會吸引到「好的頻率」！
- 我讀過很多自我提升和行爲的相關書籍，也知道我們美麗的大腦有神經可塑性。但這本書用淺顯易懂的文字解釋了這一切。你會忍不住興奮起來，開始執行！而且很容易開始，因爲這本書寫得太清楚了！
- 不騙你，我眞的很高興發現了這本書。這眞是一件幸運的事。

## 目錄

話。既然一般人每天花兩個多小時在社群媒體上，那麼大多數人都能抽出十分鐘來創造更美好的生活。

第十章 「換個角度想」技巧 167

我們不喜歡的不是事件本身，而是看待事件的方式。思考事情的方式影響很大，決定了事情對我們有何意義。只要說幾句自我對話，就能徹底改變某件事對你的意義和對自己的信念。

第十一章 擺脫負面思考，更加閃亮動人 177

想像你的心情不會因為恐懼而跌落谷底，想像無論周遭發生什麼事，都過著快樂的生活。每天進行咖啡時間的自我對話，執行那些加分的策略，讓自己超乎想像地成功，過著精采絕倫的生活。

【第二部】讓你夢想成真！咖啡時間的自我對話腳本 193

第十二章 咖啡時間的自我對話腳本：活出精采人生 197

精采的生活是一種心境，而這份腳本將幫助你進入那種心境。當你在朗讀這

# 前言

親愛的讀者：

嗨！我是克莉絲汀，很高興認識你。這本書是我在四十出頭時寫的，而最近我剛經歷重大的生活變化。坦白說，在此之前，我過著相當不錯的生活。丈夫、女兒和我自己都身體健康，親朋好友各個健在，事業也小有成就。沒什麼**真正**值得抱怨的事，但我還是忍不住抱怨一些雞毛蒜皮的小事。這就叫作**庸人自擾**，對吧？

於是呢，我們及時行樂，決定「拋開一切，環遊世界」。第一年我們遊遍了全歐洲，旅程刺激有趣，但我知道其實自己在逃避。更確切地說，我是想逃離心中的匱乏感，想藉由旅行逃開漫無目的、缺乏方向的生活。

我對生活通常抱持積極的態度。我的杯子常是半滿的，但少了某樣東西——我的生活沒有**魔力**。旅行能夠分散我的注意力，讓我暫時把該怎麼過日子的問題拋在腦後，但也伴隨相當程度的壓力。你可以想像住在國外、在各個城市間穿梭、整天在外奔波、總是在搬家，會有多大的壓力。

離開美國之前，我深入研究了那沒啥特色的正念靜心，也逐漸接納道家尋求平衡、「順勢而爲」的整體哲學觀，學著不對自己無法控制的事情感到焦躁不安。以上兩種方法都能幫我靜下心來，結果也令人滿意。但是，我卻經常在醒來時感到失落，甚至不想下床展開一天的生活。怎麼會這樣？我不是一個「相當快樂」的人嗎？我覺得自己很幸福、很幸運呀。

那麼，爲什麼許多時候，我還是任由焦慮、擔憂占據我的心？環遊世界前半年，我靠著感恩、靜心和道家思想強迫自己起床，效果還不錯，但……我沒有「發光」，整個人黯淡無光。我明明感覺自己有無限潛力。內心深處，我知道有許多值得開心和感恩的事。我應該是閃閃發光的金子，應該像老鷹那樣翱翔在天際，但我沒有。

如果你看過我的部落格（HappySexyMillionaire.me），可能知道接下來發生了什麼事。但有些讀者才剛認識我，所以還是在這裡簡單說明一下。在國外旅行七個月後，我精神崩潰了。當我對抗漫無目標、缺乏方向的感覺之際，也經歷了靈魂的暗夜。那種感覺很難熬、很可怕，我卻不知該如何是好。

然而，不經風雨，怎見彩虹？那次崩潰反而開啓了一個過程，最終讓我得以突破自我，也發現了全新且更好的生活方式。此外，我還發現了一個方法，執行結果幾乎跟奇蹟沒兩樣，而且誰都能做到。

從那時起，直到行筆至此的這一刻，我經歷了令人意想不到的轉變。我找到了我的靈魂、重心和「亮光」。我知道我可以如老鷹般展翅飛翔，而現在的我便是如此。我整個人洋溢著幸福。

有幾項技巧促成了這起重大轉變，之前我也曾在部落格稍微提過。若想過上我這種傳奇生活，需要一項關鍵技巧（或要素），我稱之爲「咖啡時間的自我對話」。我在部落格簡單描述過，但還有很多話想說，於是寫了你現在正在閱讀的這本書。

如果這本書有某部分的內容點亮了你生活中的亮光，我會非常開心。我媽常掛在嘴邊的一句話是：「就算一本食譜書裡只有一份好食譜，那也很値得。」我希望你在讀這本書時能得到一個（或十個！）改變生活的觀念。我寫這本書的目標，是希望能幫助你過上更快樂、更健康的美好生活。現在是重生的時候，今天你就會開始過上幸福的生活！只要執行本書描述的訣竅和技巧，你**一定會**變得更快樂，也一定會瘋狂愛上你的生活！

**來跟我一起飛翔吧**！這是你應得的，也是所有人應得的。

愛你的克莉絲汀

附註：我在書中會不時爆粗口，這麼做是出於愛和激動。該怎麼說呢？誰教我是熱情如火的義大利女郎啊（難爲情的笑容）！

這不是單向的對話，我也很希望聽到你的故事，告訴我你嘗試了哪些方法，以及爲你帶來什麼樣的效果。若想與我聯絡，可寫信到以下信箱：

Kristen@HappySexyMillionaire.me

期待收到你的來信！

# 第一部

# 咖啡時間的自我對話
# 幫助你創造奇蹟人生

# 第一章

# 何謂咖啡時間的自我對話？

## 咖啡加自我對話

咖啡時間的自我對話是一種效果強大又能改變生活的方法，而且每天只花五分鐘。它能提升自尊，增加幸福感，幫你把一直夢想的生活吸引過來，改變人生。還有一件非常重要的事是，它能創造整體感和價值感——而這一切都能在你下次喝咖啡時達成。

咖啡時間的自我對話包含兩要素：一是早晨的咖啡，二是自我對話。如果你不熟悉自我對話，請繫好安全帶，因爲自我對話**絕對能**改變你的人生。

## 自我對話入門

就算你從沒聽過自我對話，但其實你這輩子都在這麼做。自我對話存在已久，也許始於人類開口說話。以下是簡單版的解釋：自我對話是你在心裡說或想的話語。它是你內在的聲音，是你內心的對話。有時有聲，有時無聲。有時你能察覺，但通常察覺不到，除非刻意爲之。本書將有助於提升你的覺察力。

自我對話，本質上是你對自己、你看待自己的方式，以及對自己所作所爲的對話。你的自我對話，就是你看待自己和提到自己的方式。你覺得自己聰明嗎？不聰明嗎？這就是你的自我對話。你覺得自己運氣好嗎？運氣不好嗎？這也是你的自我對話。你覺得機會無所不在，還是遍尋不著？這是你的自我對話。你覺得自己好看嗎？不好看嗎？有才華嗎？沒有才華嗎？這些全部都是自我對話。

如你所見，自我對話可能有好有壞；可能有幫助，也可能有危險。肯定句（視爲事實陳述的句子）可能是正面的，也可能是負面的。對自己和生活的一切所說所想，一經我們肯定，無論正面或負面，都會**成為眼中的事實**。也就是說，無論眞假，潛意識都會認爲那是眞的。

因此，我們將開始一個程序，在這個程序中，我們告訴潛意識：我們想要的**已經實現**。**潛意識不下判斷，只遵循指示**。你說什麼，它就做什麼。眞的就是這麼簡單，但並不表示每個人都能輕易做到。多數人並不習慣善待自己。這種情況在你讀完本書之前就會改變，你將成爲自己最好的朋友。當你這麼做時，魔法便開始了，而眞正的改變也將開始。

自我對話由來已久，但直到二十世紀才出現「自我對話」一詞。人們在腦海中持續進行內在對話，這個想法到了一九二〇年代才開始有人研究。在七、八〇年代期間，這個名詞開始進入主流意識，因爲人們意識到改變對自己說的話語和想法，即可改變大腦和行爲。因此，自我對話已成爲自我勵志工具箱裡的常備工具，尤其是表現卓越的人，例如高階主管、企業家、運動員、菁英士兵，以及熱中提高效率的人。

學過自我對話的普通人也有好幾百萬人。在八〇年代中期，沙德．黑姆施泰特博士（Dr. Shad Helmstetter）寫了一本名爲《練習與自己對話》（*What to Say When You Talk to Your Self*）的書，之後成爲勵志書經典，以六十多種語言發行，銷售數百萬本。其後三十年間，黑姆施泰特博士又寫了更多本書，並走遍世界各地發表演說，還接受一千多次媒體採訪，其中五度出現在《歐普拉脫口秀》節目。在他的推廣下，自我對話成爲眾所周知的觀念。

即使從未聽過自我對話的人，也能察覺到社會氛圍已逐漸改變。想像一下，如果今天你在大庭廣眾之下，用「你這輩子完蛋了！」這種話責罵子女，陌生人會如何反應。這種話聽在現代人耳裡簡直駭人聽聞，很容易讓人忘了從前這可是大人經常掛在嘴邊的一句話。如今，大多數的父母都變聰明了，知道這種話可能造成持久且難以彌補的傷害。黑姆施泰特博士對這種文化典範的轉移功不可沒。

十五年前，我遇見了葛瑞格。當時我沒聽過黑姆施泰特博士這號人物，也不知道葛瑞格是他的兒子（葛瑞格現在是我丈夫，之後會再聊到這件事）。但我很清楚一個人說的話其實相當重要，甚至具有舉足輕重的影響力，無論是大聲說出來，或只是在腦子裡思考。確切地說，這些話重要到字字句句都必須仔細斟酌才行，至少在養成只說好話，不說有害的話之前，都得這麼做。最後，這會變成不假思索的行爲。

咖啡時間的自我對話是我特製的自我對話個人版本，結合提升自尊、調整信念與行爲的經典自我對話，再加上很棒的肯定句。你要是願意，可再加上最喜歡的書本段落、歌詞、引言或其他能激勵和鼓舞你的話語。當然一定要有**咖啡**。我就是活生生的例子，證明這種結合話語、咖啡和每日儀式的方法，不但能強烈影響你的心情和行爲，也能改變你在內心深處看待自己的方式，無論當下的生活條件如何。

一旦自尊提升，生活中的一切也會改變。你將成爲一顆流星，期待嶄新的一天到來。天哪，你爲自己的**生活**感到興奮！當你的行爲（尤其是日常習慣）、長期目標，和夢想保持一致，此時生活中的事物似乎都爲了你而「發生」，就像變魔術一樣。一切豁然開朗。

其實這並不是魔術，而是神經科學，不過感覺確實就像魔術一樣。

我每天都進行咖啡時間的自我對話，幾乎沒有一天遺漏。它啓發我，指導我的行動，帶我走向顯化快樂性感百萬富翁生活的方向（在後續章節也會提到這件事）。它讓每一天都像鑽石那麼璀璨耀眼。原本可能很糟的一天變成美好的一天，而以美好開啓的一天變成精采的一天。無論生活中發生什麼事，咖啡時間的自我對話都能讓它好上加好。它大幅增強了美好的一面，也瞬間減弱了不好的一面。它將徹底改變你的世界——我保證。

每天進行咖啡時間的自我對話，有一大好處。它能讓你的生活洋溢著幸福，也能讓你更接近目標、決心和夢想的生活。這並不表示生活中永遠不再有難題，而是一般的生活難題再也無法阻礙你，或令你驚慌失措。好比在《駭客任務》電影中，當子彈朝尼歐飛去，他一個彎腰便閃過子彈，且毫髮無傷。這就是咖啡時間的自我對話能在你生活不如意時帶來的效果。

換句話說，即使生活拋變化球給你也無妨，因爲你可以施展魔法，迅速恢復。這就叫作一切盡在掌握中！這就是成爲生活中眞正的英雄，也就是能做出更好、更強、更快的回應。這能帶你返回幸福狀態，恢復沉著冷靜，繼續向前邁進。

咖啡時間的自我對話能改變生活，而我很期待在這趟旅程中與你同行。之後我將分享自己在喝咖啡時的自我對話和許多腳本範例，幫助你起步。我們會找到每天最理想的操作時間，也就是早晨喝咖啡的時候。你會發現增進自我對話的訣竅和技巧，就像在上面灑了金色的魔法粉，如此一來自我對話就能綻放，進一步擴展生活，並以前所未有的速度將你的渴望和目標吸引過來。一般來說，自我對話的效果非常顯著，但是把自我對話**安排進每天的計畫裡**，能讓你更快獲致成功、幸福。之後會再對這個精采內容加以解釋。

## 自我對話只是正向思考嗎？

從某些方面來看，自我對話與正向思考有關，實際上卻不相同。

正向思考很重要，因爲如果你有意（甚至冒險）努力追求預期的結果，就必須相信這個結果有可能實現。自我對話能幫助你建立更好的新信念，同時強化你想增強的信念。因此，自我對話能讓你更正向積極地看待可能發生的事，尤其是有能力做到的事。

懷疑論者常將「正向思考」貶低爲不切實際或一廂情願的想法。有時這麼說也沒錯，例如未評估相關風險就採取行動。但自以爲能做到的事，跟自己**真正有能力**做到的事，是完全不同的兩件事！其實我們可以承擔更多的風險。厭惡風險是人類的天性，我們對失敗的恐懼，勝過爲成功而努力的渴望。但許多我們以爲的風險，其實全是自己憑空想像出來的恐懼，是我們從小到大抱持的信念創造出來的妖魔鬼怪，例如害怕失敗或擔心別人怎麼看自己。

對多數人來說，正向思考能調整思考角度，得以更準確評估事情眞正的可能性。

如果因爲正向思考而假裝眞正的問題並不存在，也會發生問題。問題當然存在。以爲不必採取任何行動，問題就會消失，也是異想天開。如果使用得當，自我對話跟希望問題自動消失毫無關係，而且恰恰相反。自我對話是**主動的**，它能讓你用新的方式看待事物，並賦予你採取行動、解決問題的能力。在許多情況下，也能在一開始就預防問題發生！

## 自愛不就是自戀嗎？

不是，其實正好相反。**自戀**是過度自我欣賞。這裡的關鍵字是**過度**。在極端的情況下，病態自戀是一種人格障礙，特徵爲極度自私、缺乏同理心、凡事以我爲尊、需要他人讚賞，以及相信自己比其他人更好、更聰明、更值得支持。

問題是，自戀一向是**感到極度自我厭惡**的結果。在這種情況下，自我爲了保護自己刻意武裝，甚至到了荒謬的程度，而且還損及他人。

眞正自信的人不會炫耀，因爲覺得無此必要。他們不渴望關注，也不認爲自己必須永遠都「對」。如果你看見有人展現這些特質，看起來卻一副很有自信的模樣，你看見的其實是一個正在尋求外界認可、心存恐懼的自我。

簡單地說，**自戀出於恐懼**。

自愛正好相反。

許多正向的自我對話肯定句（和本書中咖啡時間的自我對話腳本）是建立在自愛的概念上，而這也成爲實現持久正向改變的堅實基礎。不愛自己，就很難認爲自己值得獲得渴望的事物，也常在不知不覺中破壞自己的努力，例如做事半途而廢。

基於以上原因，本書中咖啡時間的自我對話腳本包含許多**自愛**和自我肯定的肯定句，例如：

我是個美麗又有創意的天才。

我很勇敢。

我愛我自己。

我很優秀，我很神奇。

我容光煥發、閃亮動人、性感迷人。

諸如此類。

這種句子是專爲用自愛和自信來寫大腦程式而設計的。這是你的**自我對話**，而不是你到處大聲嚷嚷的事，除非你的目的是教別人怎麼做、傳播自愛的想法，或以身作則給親朋好友看。這不是自吹自擂，也絕不是爲了令他人印象深刻而使用的。

一旦你在大腦裡寫了相信並**感受到**這種想法的程式，**這些想法就會內化，並以各式各樣的方式顯化**。其中有些會展現在他人面前，但許多並不會，因爲這將是你幸福、快樂、神奇的**內在狀態**。自戀的人絕不可能感受到這種內在狀態。

說到傳播觀念，在新冠肺炎爆發後那半年，我和家人住在美國我媽家。雖然寄人籬下，我還是想繼續維持自愛和自我對話的習慣。我最喜歡的一件事，是把一些咖啡時間的自我對話句子寫在五顏六色的便利貼上，一張寫一個肯定句。我寫了大約二十句，把其中三、四句貼在浴室的鏡子上，然後每隔幾天更換新的句子。

我媽家的浴室是共用的，我告訴她那些便利貼的用途。她可能覺得很奇怪，但我解釋了自我對話對我來說有多重要，對我的成功、幸福又有多大的幫助。媽媽一向都很支持我，但我心裡很清楚，把這些字條貼在鏡子上表示她也看得到！

雖然封鎖期間不會有訪客，但就算有，我也不在乎他們看不看得到。其實我反倒希望有人看到呢！鏡子上的字條讓我有機會分享改變我人生的事，也可能改變他們的人生。只要是出於愛，愛自己就是一件好事，無論是當眾或私底下。

你猜怎麼著？最後我媽甚至寫了幾張她自己的自我對話便利貼，還貼在鏡子上，而且就在我的便利貼旁呢！

## 指導型和激勵型的自我對話

自我對話有兩種形式。第一種是**指導型**的自我對話，內含一連串指令，常爲運動員和表演者所用。例如，高爾夫球選手在對球說話時，可能會說一連串能讓自己表現更好的指令和內在評論；許多籃球員會固定在準備罰球投籃時對自己說話；演員也一樣會在上臺前爲自己加油打氣。

自我對話對運動員和表演者效果絕佳，有助於提升技巧、專注力和執行力。這些話語引發了一連串已反覆練習過無數小時的神經和生理模式，能幫助他們進入「化境」（the zone）或「心流」（the flow）狀態。這種形式的自我對話也能幫助人聚焦於當下，不因過去的錯誤或害怕犯錯而無法集中注意力。

第二種形式的自我對話是**激勵型**的自我對話，也是本書的焦點。這種自我對話能提升自尊、增強動機，讓人更加努力，並創造最佳、最理想的心態，因此能幫助你實現人生夢想，同時在過程中感覺自己所向披靡。更具體地說，無論是個人或專業、規模大或小的目標，激勵型的自我對話都能幫助你達成，也有助於療癒身體，讓你變得更健康。這種自我對話可用來改善財務狀況，也可用來找到夢想伴侶！自我對話改善生活的方式，數也數不清。

在本書中，我將教你如何創作出專屬於你，讓你產生超強大力量的咖啡時間自我對話腳本。你將用這份腳本來創造並活出**最美好**、**最神奇**的生活。

# 所有正負面的自我對話現在都在影響著你

我之前說過，自我對話是雙向的，而且有好有壞。所以要注意你的自我對話，因爲它具有極大的影響力。你的念頭、你對自己說的話，無論好壞，都將爲你創建出那樣的生活。你有能力在自己的大腦和嘴裡選擇那樣的生活。好的自我對話是美好生活的基礎；壞的自我對話一定會讓生活糟糕透頂。就這麼簡單。

你怎麼知道自我對話什麼時候是壞的？很簡單……只要是跟自己、你的生活、你的環境或這個世界有關的任何負面字句或想法，就是壞的自我對話。如果你抱怨或批評任何人事物，就是壞的自我對話。不喜歡自己肥胖的大腿嗎？這是壞的自我對話。不滿意自己的車，正在抱怨嗎？這是不好的自我對話。覺得自己不配加薪嗎？這眞的是很爛的自我對話。覺得自己不夠好，不值得優秀的人來愛你嗎？這種自我對話根本愚蠢至極。

好的自我對話就像一道閃閃發光、令人心情愉快的想法龍捲風，在你的大腦裡轉呀轉，再從你的嘴裡冒出來。當你想到或說出這些想法，會感到開心、振奮、活力充沛。恭喜自己做得很好，或感覺自己無論如何看起來都很美麗，或告訴自己你有技能或勇氣追求想要的事物，這些例子都是好的自我對話。任何能塡滿你的杯子，讓你受到鼓舞，感覺自己完整、有價值的話語……就是很棒的自我對話。

現在你知道差別在哪了，就必須負起責任，因爲自我對話無論好壞都是一種**選擇**，而且是你自己的選擇，是你**選擇**使用好或壞的自我對話。

你會選哪一個？

現在你知道這個祕密了。關鍵就在你的大腦裡。你有這個能力，也可隨意運用。

為你的夢想賦予生命，為你的願景增添力量，為你的道路點亮光芒。

——沙德．黑姆施泰特

你現在知道自己擁有這份能力了，問題是：該如何使用？這不僅是你、我的問題，也是所有人的問題。稍微思考一分鐘。閉上眼睛，好好感受。

「從現在起，我只說**好的**自我對話！」這句話聽起來簡單，卻不表示每個人都能輕易做到。別擔心，我們一定做得到。對自己說好話，說自己的好話，對某些人來說也許是件很難調整的事，尤其是自尊低下的人。這種話他們很難說出口，因爲太不符合他們的自我形象。

但我保證，一旦開始，事情就會變得非常容易，**也很有趣**！

花一分鐘回想上次照鏡子時，當時你心裡在想什麼，或在對自己說什麼？

今天早上換衣服、刷牙時，你是否感覺很愛自己，也很愛惜自己的身體？如果是，那就太好了，來擊掌吧！繼續保持下去，因爲這能讓你的一天精采可期、機會不斷。我知道你將一頭栽進咖啡時間的自我對話！

不過，情況也可能沒這麼美好。你的自我對話是負面的嗎？你批評過自己嗎？如果是，你正在創造整天跟著你的負能量，好比圍繞著《花生漫畫》角色「乒乓」打轉的灰塵和蟲子。

別擔心，這樣也沒關係。好吧，這樣其實不好……這很**正常**……但我的意思是，不必擔心，我們會解決這個問題的。咖啡時間的自我對話來拯救你了！自我對話能打造全新的你和個性。這眞是令人振奮的消息！

或者，你可能心思不在自己身上，恍神了，所以無意識地刷牙。這或許說不上是好或壞，但就是錯過了一次機會。

# 如何說出很棒的自我對話？

好消息！好的自我對話只是盡可能選擇好的、正面的、令人振奮的想法。你的自我對話具有強大的力量！這是一個很棒的工具，能將更多的豐盛帶進你的生活，而且只需要練習即可。使用咖啡時間的自我對話就是很簡單的做法。**改變自我對話，就能改變人生**。

若想身強體壯，就使用健康的自我對話；若想賺更多錢，就使用富足的自我對話；若想更有自信，就使用能增強自信的自我對話。無論想改善或改變什麼，自我對話都能讓改變加速十倍。

一切都始於你的話語、想法、感覺和語言——這些就是你的自我對話。賺更多錢來自於感覺有價值。如果在內心深處，你並非真正感覺有價值，透過自我對話即可徹底解決這個問題。若想變得超級健康，必須先感覺完整。可用跟你的心智、身體、健康和習慣有關的話語來改寫程式。一切始於你的自我對話。自我對話不僅是起點，也是達成目標最強大的驅動力。

修正自我對話，跟在心裡思考某些事情一樣簡單，例如「我很擅長寫作，產量也很豐富」。或者，當有人說「嗨，你最近過得好嗎？」，你會用「好得不得了！」或「好極了！」這種超級正向的話來回答。

這麼做一開始可能很不自在，感覺太浮誇、尷尬、愚蠢、奇怪。但絕非如此！我發誓，你這樣做的次數愈多，就會覺得愈有趣，尤其是看見別人的反應時。我很喜歡在別人問我過得如何，以爲會聽到典型的「還可以」時，我卻回答「好極了！」，甚至回答「**我過得超爽的！**」，殺得他們措手不及。見到他人難以置信的模樣很有意思。等他們從短暫的震驚中回過神來，會忍不住帶著些許敬意回答：「哇，是嗎？眞好。」

等陌生感退去後，這些正向的回答將成爲你新的舒適常態。之後，如果你不用正向、積極的肯定句回答，反倒會覺得不大對勁，彷彿少了什麼。但在剛開始的階段，當你說出正向肯定句，聽起來還是覺得很怪時，你要明白：**其實你不必一開始就相信這些話**。但假以時日，你會相信的！這就是自我對話的神奇之處。

你將幫大腦重新布線。這件事是自然而然發生的，跟說上述的正向話語一樣。這是所有人的初始設計。更確切地說，你今天的感覺無論好壞，都是過去從父母、教師、朋友、電視、社群媒體等處接收到的編寫大腦程式字詞的結果，尤其是內心的想法和你對自己說的話。

當你說「我……很健康、很棒、有力量、有自信等……」，就是在指揮你的心智前往某種體驗。你的生活開始朝那個方向發展，把你推往新的命運——你自己設計的命運（「命運」的英文字面上的意思爲**目的地**）。這件事非常容易。我們待會兒就要仔細探討如何寫出自己的自我對話，以及如何結合咖啡和自我對話。

調整自我對話能改寫你目前的程式，把大腦的儀表板調整成將你的行爲和行動導向活出本來應該活出的樣子。如果你的自我對話到目前爲止都很糟糕，別擔心，無論是誰都可以現在開始解決這個問題。今天，此時此刻的你，就有這份能力。

這本書是一個工具。對於本書概述的簡易計畫，你能有多投入，將決定成功與否。記住，你**隨時**都能思考振奮人心、影響力強大的想法，也可以不思考這些想法，選擇在你。每個選擇都是一次改變的機會。

## 你目前的自我對話還好嗎？

有次我花了點時間傾聽自己的自我對話，結果令我十分震驚。對我來說，那是一個影響深遠的時刻。我一直以爲我的自我對話已經夠好了，沒想到根本不是這樣，甚至還差得遠呢。我的自我對話其實有點糟糕。

當我意識到自己所說的一切都是某種形式的肯定，不是正面就是負面，而且也創造了實相，我便認眞檢視每天對自己說的話，而且是每個字、每個想法。

雖然我有許多與自己有關的正面想法，還是很震驚地發現，其實負面想法更多。我是會嚴厲批評自己的人，對自己、對整個世界的負面評論、想法要多得多，而且內容包羅萬象，可以是白髮、皺紋、款式老氣的衣服、正在吃的食物、財務狀況、活力狀態、周遭環境、身邊的人等。

儘管整體來說，我是個正向的人（或自以爲如此），但還是能找到許多事情來抱怨。雖然只是發發牢騷，卻也慢慢削弱了我的自尊、健康和生活體驗，而我卻一無所知！這就是這種情況難以察覺的原因。你看，在我的生活中好的自我對話還算多，所以不好的自我對話無法造成多大的傷害。我的自我對話大致上「夠好」，因此我並未意識到自己正在說任何負面的事，也不知道情況還可以更好。

例如，假設在平常的日子，在我的自我對話裡有三十七個負面例子和六十三個正面例子。正面的自我對話占上風，讓我感覺較正面，不會太負面，所以我的自我對話不至於負面到讓我覺得需要改變。但只要有一個負面觀點，就會對大腦產生負面影響。**只要**

**一個**！我並未意識到每個負面想法都會令人意志消沉，即使程度很輕微。負面想法累積多了之後，就會造成糟糕的後果。機會會消失不見，就像停電時燈光熄滅那樣，或像魔術師的戲法，原本存在的東西咻一聲不見了。負面自我對話眞的就是這麼強大。這不是你想要的生活方式，也不是你**注定要過**的生活方式。

這使我恍然大悟。這個自省時刻、這份領悟，也是溫柔和悲傷的短暫時刻，因爲我意識到多年來一直沒有好好善待自己。我其實哀嘆了好一會兒，因爲我知道自己任憑不必要且有害的黑暗籠罩我的生活。然而……這也超級振奮人心，因爲還有很大的進步空間。

現在我有許多鼓舞自己的機會，這份領悟點燃了內心深處熊熊燃燒的火焰。一旦我刪除負面、貶抑的自我對話，完全用正面的話語取而代之（而且眞的是完全取代！），我便全然接納人生將要改變的方式。不過，困難之處可能是在於做出徹底的改變。因爲事實是，我們不需要**任何**負面的自我對話——一點也不需要。零。無論多小的例子，都伴隨著代價。這是凌遲致死。一次的負面例子或想法並不會置你於死地，但每次說出有害的話，都會讓你一點一滴地慢慢死去。

你看，你的自我對話不僅對自尊很重要，也深刻影響你人生的各個面向，包括對健康具有強大的影響力。一直用正面的話語對自己說話，就像保護力超強、營養豐富的維

他命，將金色的療癒精華注入體內。這並不神祕，雖然我用來描述這件事的說法似乎有點玄。

好的自我對話讓你心情變好。當你心情變好，內分泌系統釋放的壓力荷爾蒙濃度會比較低。這是有益的，因爲時間一長，慢性壓力的影響確實會致命。當你感受到的壓力較少，身體就會痊癒得更快！用文謅謅的話來說，有愛的自我對話將營造出豐盈的環境，讓細胞浸淫在閃閃發光的靈丹妙藥中，並顯化於外。想像那是多麼美麗的畫面！

## 採取行動：今天就爲你的人生負起責任

當你不那麼依賴外在條件，或者不受他人所做的選擇影響，你就擁有巨大的力量。你的自我對話很重要，因爲對自己的看法會變成你的「眞相」，眞相又會變成你的生活、命運。確切地說，你當天會過得愉快、無趣或糟糕，背後的驅動力是你對自己的感覺。想想看……你現在的感受，是你今天早上、昨天、上週、上個月對自己的看法的結果。

每個人都必須做出這種改變。除非你採取行動，否則你的人生不會改善。好消息是，你需要的一切都在你的內心，此時此刻就在。一切取決於你。你會發現幸福、成功的泉源（或噴泉！）就在心中，只是多數人並不知道自己擁有這種能力。

聽起來好得不像眞的？並非如此！我們本來就應該過這樣的生活。想像你正站在一扇門前，那扇門現在是關上的。門的一邊是美妙的生活，充滿著光亮、愛、自信、興奮、流星，以及夢想成眞。另一邊是**你**。你站在那裡，手握著門把。只要想著「把門打開」的念頭，就能開啓這扇門。這是跟絕地武士一樣的能力。你說出了跟自己和人生有關的正確、正面、振奮人心的話。門把轉爲金色，閃耀著溫暖，因你傳送給它的能量而閃閃發光。你現在正在告訴自己的想法令你感到振奮。門把轉動了，而且不費吹灰之力。你打開門，走了進去，走向一直以來都知道自己能成就的一切。那些都是你，而且一直都在那裡，等著你邁出那一步。

生活是由內而外的。當你的內心有所轉變，外在的生活也會隨之改變。

——卡馬爾・拉維坎特（Kamal Ravikant）

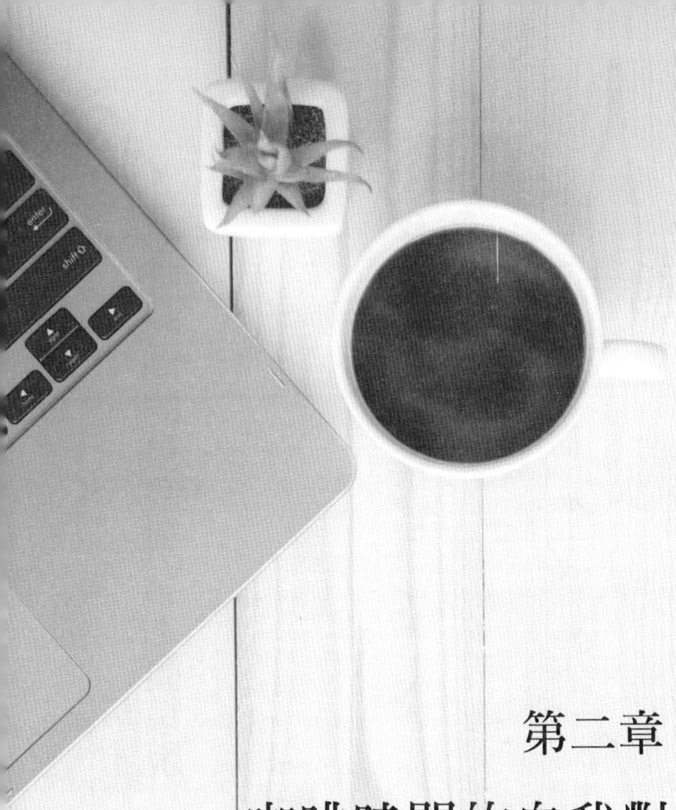

# 第二章

# 咖啡時間的自我對話如何開始？

# 咖啡時間的自我對話：簡短版

步驟很簡單：

❶ 每天爲自己泡一杯咖啡（或茶，水也可以，只要是你喜歡喝的都行）。

❷ 坐下來喝咖啡，花時間細細品味，要眞正地品嘗，同時讓大腦充滿強大的肯定句（你對自己說的話）。

❸ 把這些話大聲說出來，效果更好。

就這樣。

以下字句出自我的咖啡時間的自我對話範本（摘錄自第五章）：

我熱愛生命。我愛我的生活。**我愛我自己**。

我祝福現在在我生活中的一切。我的咖啡、我的椅子、我的床、我的家人、我的朋友，我全部的生活。

我是個很棒的人，因為我**善良**、美麗又慷慨。

無論我走到哪裡，生活中的機會都無所不在。我要好好把握！

我喜歡今天，因為今天由我作主。我要讓今天成為我要的樣子！我很強大。

此時此刻，我感到心情振奮，因為我正在照顧我自己。我值得擁有這段時間，我可以在此時為今天做好準備，讓它成為有史以來最棒的一天。

**我今天會過得很精采！**我面帶燦爛的笑容，期待今天每小時發生的一切。

我是一塊磁鐵，能吸引來成功、富足、豐盛，以及渴望的一切。

我現在放下所有恐懼。走開！

現在，我正在對我的成功和餘生負起責任。我是肩負使命的女人。

我超喜歡心情這麼好的感覺！就是這樣！

這些想法和感覺像藍圖一樣指導大腦和身體，所以你會做出更好的選擇，犯更少的錯誤，在情感上更堅強，更熱愛生活，而且超乎你的想像！

你會立刻有感覺！剛開始你可能還會覺得有點抗拒，或覺得說這些話很奇怪。無論是哪種情況，你都會發現，只要持續說新的自我對話，在接下來的兩、三週內，就會有所轉變，而且是**戲劇性**的轉變，簡直像完全變了一個人似的。要命，這蛻變也太棒了吧！自我對話眞的能讓大腦回路開始改變（後續章節會再提到這一點）。

## 爲什麼選咖啡？

傳統的自我對話指南並未提到要喝美味的熱咖啡（或任何你選擇的飲料。從現在起，只要我提到**咖啡**，請自行替換成你喜歡的飲料）。

在早上喝咖啡時固定做這件事，有以下好處。

### ❶ 儀式化

將某種行爲儀式化，就賦予了這個行爲特殊的意義，而這個意義又提高了此行爲的重要性，使你更加重視它。儀式感愈強愈好。一再重複的儀式會成爲半自動化的行爲，而這正是習慣養成的關鍵要素（若想知道更多關於習慣的說明，請見第十三章）。

## ❷ 一致性

早上喝咖啡這件事，你不大可能忘記。生活中九〇%的成功，只是因爲堅持的時間夠長到可見成效。無論是運動、節食、財務計畫或職涯發展，貫徹到底都是不二法門。將自我對話和不大可能不做的某項日常生活慣例結合，然後想像長期下來對你的幸福、成功有哪些加乘效果即可。

## ❸ 多感官模式

將儀式化的自我對話和喝咖啡的行爲結合，也會將你說的話，和喝一杯美味熱飲的感官和生理體驗連結在一起。如果你選擇的飲料含有咖啡因，那麼在說肯定句時，還會額外獲得一項好處，就是攝取到提升認知功能的興奮劑。這表示大腦會更加關注你正在說的話，此外，未來的每一杯咖啡都將成爲「情境關聯」（state dependent）的觸發器，使你立刻轉變爲更有力量、更靈活的心理狀態，就像巴甫洛夫的狗一聽見搖晚餐鈴就會流口水那樣。

❹喜悅

我們就老實說吧，因爲咖啡很好喝。

## 爲什麼咖啡時間的自我對話會讓你開始熱愛生活？

因爲當你改變想法，也就改變了你的大腦、焦點和實相。當你有了正向的新想法，也就有了新的選擇，而這些選擇能讓你展現新的行爲。一旦你的行爲變好，就有了新的體驗和感受。砰！歡迎全新的你！

將咖啡和每天的自我對話結合，是我用來大幅改變人生的方法之一。進行咖啡時間的自我對話，讓我從早上喝咖啡的那一刻起，每天都有不同的新視角，也讓我能夠採取行動、實現夢想。

從這個角度思考咖啡，把它想成是一種奧妙、神奇的靈丹妙藥，賦予你超能力，讓你對自己深信不疑！我知道……這聽起來有點傻，但請稍安勿躁。之所以聽起來很傻，是因爲咖啡本身並不能做到這件事，但自我對話可以！

你知道嗎？如果老鼠在吃過某種口味特殊的食物之後，因爲接受輻射而生病，將來又吃到相同味道的食物時，即使當時沒照到輻射，也一樣會生病。大腦一直在做這種蠢事！它會讓事情成眞！

進行咖啡時間的自我對話，就是在利用大腦這種怪癖，在有需要時喚起你最強大的心智狀態。每天早上！或者一日數次！

**這麼做也會讓你的心情立刻愉快起來，而且毋須等待，效果立現**。就在你進行咖啡時間自我對話的當下，一切都改善了。所以，雖然自我對話的某些好處肯定會延遲出現（例如將豐盛吸引到生活各方面），但每次只要自我對話的前幾個字一說出口，你就會覺得更快樂。這就是大腦的作用。這麼做也能立刻提振精神（好吧，這也是咖啡因的功勞，哈哈），讓你準備好當天過著有如超級巨星般成功的生活。

換句話說，如果你心情惡劣、情緒低落，或者靈魂萎靡不振，只要自我對話一說出口，就不可能繼續處在惡劣、低層次的生活狀態。我不是說每次你的心態都能從零分變成十分（雖然自我對話現在對我和許多人來說都有這種效果），但情況會往好的方向發展，運動中的物體會傾向保持運動狀態。

在朗讀或說出令人振奮的事情時，絕不可繼續待在全然的黑暗裡。只要有進步就有幫助，從零分到三分，甚至從零分到一分。這是往好的方向發展，每次進步一點點。假以時日，累積的進步也許就會像打開電燈開關，室內瞬間變亮一樣明顯。可能在一次喝咖啡自我對話的時間內，就立刻從零分變成十分，因爲你已經訓練大腦這麼做了。

## 咖啡時間的自我對話如何開始？

二十出頭時，我開始自行嘗試自我對話。我會照鏡子練習對自己說打氣的話，每次選的都是提振心情的話語和想法，但當時我並不知道這種行爲叫作「自我對話」。

在打高爾夫球時，我也會用指導性的自我對話來對球說話，在揮桿前幫自己加油打氣。此外，我特別喜歡在工作面試前使用自我對話，這能有效提升自尊，幫助我展現只有眞正放鬆的人才有的那種自信。

所以我對自我對話並不陌生，但直到遇見我先生，才曉得眞的有自我對話這回事。

我怎麼會不知道這個詞？我可是東尼・羅賓斯（Tony Robbins，譯注：美國作家及勵志演說家）的鐵粉，是熱中自我激勵的人啊！我那英俊的約會對象（現在是我先生）怎麼知道這個叫作自我對話的有趣玩意兒呢？我們兩個眞是命中注定要在一起啊！

沒想到，他爸爸——現在是我公公——居然是沙德・黑姆施泰特！許多人認爲他是**自我對話之父**，因爲他對普及這個概念所做的努力，在歷史上或許無人能出其右。所以——沒錯，我先生很了解自我對話這回事。

身爲喜歡在書店心理勵志區閒逛的人，我認爲自己對生命中的事物大多抱持正面的想法。如果遭遇挑戰或困難，我會認爲即使當下無計可施，最後總會有辦法解決。我相信時間能治癒所有傷痛，也相信人性本善、天無絕人之路、挫折使人強大……諸如此類的想法。

但我一堂自我對話課也沒上過，只知道往好處想勝過往壞處想。但因爲我不是刻意執行這個方法，也從未接受過任何人指導（例如去上課），所以得花更多時間才能從跌倒、挑戰和失敗中恢復。因爲我平時就保持良好的心態，所以最後都能恢復，但是啊，我恢復的速度本來可以快更多！而且，如果思考方式調整到正確的方向，我一開始就可以避免摔這麼多次跤。知道了我現在知道的事，並養成自我對話的習慣之後，我的人生好太多了，簡直就是輕鬆愉快。

而這就是自我對話保證的事。定期使用自我對話，就能過著不可思議的生活，而且幾乎隨時隨地心情都好得不得了。定期做到的關鍵在於養成習慣（咳咳……每天的習慣，加上一杯咖啡）。你的大腦重新連接了心情愉悅的回路，你也成爲了全新的你。

訣竅在於：要找時間做這件事，而且要規律。我的意思是——咱們就坦白說吧，你可以在一天當中找到一千次跟自己正向對話的時間。從臥房走到廚房、上廁所或刷牙、開車、烹飪時——全都是能傾聽內在聲音、提振心情的機會。

但是，在早上喝咖啡時進行自我對話，就絕對不會忘了做這件事。它會成爲很好的習慣，而且絕對規律，因爲只要是有自尊心的咖啡飲用者，就絕對不會忘記喝咖啡！把喝咖啡和自我對話這兩件事結合在一起，就會變成不假思索的行爲。

而且還不只這樣呢。進行自我對話時，我不會只是坐在那裡，邊喝咖啡邊想些正面的事，同時欣賞浮現腦海的第一片蓬鬆的七彩雲朵——**才不是這樣呢**！這件事愼重多了。我設計了一整套方法，做起來很容易，而且效果超好。

始終如一的正向自我對話，無疑是給潛意識最好的禮物。

——艾德蒙．姆比亞卡（Edmond Mbiaka）

## 咖啡時間的自我對話：基礎版

❶準備紙筆、日記本、電腦，或安裝了 Evernote 或 Notes 等應用程式的智慧型手機。（我是用 iPhone 的 Notes 應用程式。）

❷用第一人稱和現在式，寫十五到二十件跟自己有關的好事。例如，**我是個開心性感的百萬富翁**。（雖然我還不是眞的百萬富翁，但我還是會這樣說。在提到未來的事件時，把它說成彷彿現在正在發生的事，這一點**非常**重要。）這十五到二十個句子是你的自我對話，可以包括你專屬的超級正向肯定句、會讓你心情變好的

歌詞、可改爲第一人稱的勵志引言等。你將每天使用這些句子，也可隨時修改。

❸ 起床，泡一杯美味的咖啡，邊喝邊反覆朗讀你的自我對話。喝下咖啡，再重複這個動作，直到喝完爲止。可以的話，最好大聲念出來，就算只是輕聲朗讀也行。每天早上喝咖啡時這麼做，讓它成爲咖啡時間的自我對話。

❹ 享受你剛才創造出的美妙的一天。

以上只是很粗淺的說明。繼續往下讀，就會知道爲什麼這麼做的效果極佳，以及如何創造超級無敵厲害的咖啡時間自我對話方案。

## 咖啡時間的自我對話「習慣堆疊」

有一天，我在聆聽詹姆斯．克利爾（James Clear）的有聲書《原子習慣》（*Atomic Habits*）時，意識到自己執行的咖啡時間的自我對話，其實就是他所謂的「習慣堆疊」

（Habit Stacking），只不過是我自己的版本。習慣堆疊是咖啡時間的自我對話效果極佳的原因。你正在把一個正面的習慣（也就是自我對話），堆疊在另一個你已經很喜歡的習慣上（也就是喝咖啡）。這麼做不僅充分利用了時間，也建立起對自己有利的連結。

以我爲例，我本來就愛喝咖啡，而在喝咖啡時加入自我對話，能使建立超級有效的自我對話習慣變得相對輕鬆，而且能長久持續下去。要是我試著在不喝咖啡的情況下做這件事……好吧，誰知道我能撐多久——也許能，也許不能。事實證明，我每天喝的那杯咖啡充滿了精采的肯定句，也塑造了我的一天。說來奇怪，我現在比以前更喜歡喝咖啡呢！所以，把一個有吸引力的舊習慣，和你希望變成習慣的某種新行爲結合在一起，以增強效果，這就是習慣堆疊。

重要的是，你有時間做這件事了。你本來就有喝咖啡的習慣，現在能聰明地運用時間，也更有目標。這就是所謂的意向性（intentionality）。與其浪費時間查看社群媒體或瀏覽電子郵件，不如做一件保證能在幾分鐘內提升幸福感和個人效能的事。

做原本就在做的事，例如社群媒體，增強的是原本的你。我們要的是**轉變**。因爲我們想過著豐盛、幸福的精采人生，所以我們正在爲了**新的自己**學習新的習慣，例如咖啡時間的自我對話。因此，與其早上做的第一件事是被冠上**消費**標籤的行爲，不如提高層次，立刻透過正向的自我對話發揮自己的力量。早上的第一件事，是用自我對話成爲**創**

**造者**，再觀察人生改變的速度有多快。

重要的是，要了解習慣是如何養成的。首先，如果你相信這是個值得擁有的習慣，而且做這件事時心情很好，這個習慣就更容易養成。不僅因爲其他人說這是個好習慣，也因爲你自己這麼相信。賦予這件事正面的意義，知道這麼做對你有好處，讓你的意志和目的保持一致，這時阻力就消失了，也會加速成功的過程。

請注意，若想養成好習慣，就必須擬定計畫，決定何時、何地做你想養成習慣的那種行爲。有了計畫，才更可能貫徹到底。咖啡時間的自我對話正是這種計畫！我們很愛喝咖啡，現在正把咖啡錨定在我們想建立的新習慣上，也就是自我對話。這成爲一種自我增強的迴圈，而你驚人的新身分又將強化你優秀的自我對話習慣，並成爲終其一生的改變。

我們不僅在早上有這項新習慣，而且因爲它錨定在咖啡的香氣與味道上，沒多久我們的心智就會在一天當中的其他時刻轉向正向的自我對話。例如，當天早上或下午你又喝了第二杯咖啡，這時你的心智將不由自主地飄回正向自我對話的領域。見鬼了，只要路過正在烘焙或沖煮咖啡的店家，就會觸發你的正向自我對話！第一次發生這種情況時，你會暗自竊笑，並且心照不宣地點頭。

改變你的思維，就改變了你的世界。

——諾曼・文生・皮爾（Norman Vincent Peale）

# 第三章

# 咖啡時間的自我對話
# 不可思議的好處

# 咖啡時間的自我對話九大益處

先說重要的事！任何人都可以使用自我對話，也能受益於它所產生的強大效果和復原力。無論男女老少、兒童或青少年……所有人都能立即得到好處。

你只需要開始，並承諾每天都這麼做，你會發現這件事做起來很容易。一旦開始，你就會發現：自我對話跟咖啡一樣令人上癮。

## ❶ 讓你過上精采絕倫的人生！

你現在應該已經發現，咖啡時間的自我對話是一套效果強大的方法，因爲它能透過你自己選擇的一連串簡單又能塑造人生的正面肯定句，來建立新的自我認同。表面上看起來，這些肯定句可能只是文字，卻能對你造成更深刻的影響。這種效果強大的內在對話能修復、塑造並改寫你的潛意識程式，還能眞的把你改造成充滿活力的人。你從此感到精力旺盛，因爲自我對話讓你充滿感覺愉快的神經傳導物質和腦內啡，活化你的大腦與身體。

換句話說，自我對話不僅讓你更有效、更擅長吸引可能性，也讓你在那一刻更快樂。

因此，咖啡時間的自我對話以熾熱的活力與熱情，讓你的生活變得豐富精采。你會發現，這些話語和美妙的字句一說出口，就能在心中激發喜悅，讓你散發耀眼的光芒，因爲你本來就是一顆美麗的星星。像這樣閃閃發光，你的心情會更好……確切地說，你會感到幸福，甚至狂喜。而這又會爲你吸引來更卓越的生活，因爲你會變成將所有美好事物都吸引過來的磁鐵。你的人生變得更輕鬆，因爲一切都很順利，且不費吹灰之力。

一旦開始，你就會知道我在說什麼。事情將開始出現大大小小的變化。不久你會發現自己變得更平易近人，較不具批判性，且該死地快樂多了。這就是自我對話在所有人身上造成的轉變。

之後你會變得好運連連，許多超酷的共時性（synchronicity）發生，讓你忍不住想捏自己一下。一陣子過後，這種情況將司空見慣。你的生活變得精采絕倫，因爲現在這是新的常態，而你也開始如此期待。

這件事感覺很神奇，但其實只是科學。你選擇思考的內容和所說的話，將以特定的方法設定你的行爲。你選擇的話語將觸發特定的感覺和情緒，而這些感覺和情緒，是身體爲了反應這些話語而釋放化學物質所引起的。咖啡時間的自我對話引發的愉悅情緒，有助於製造腦內啡（類鴉片肽）和所謂「心情愉快」的神經傳導物質，例如多巴胺、血清素（「幸福」荷爾蒙）和催產素（「愛與情感」荷爾蒙）。事實上，科學家持續發現更多這類物質，例如被稱爲「幸福分子」的神經傳導物質大麻素（anandamide）。處於愉快的情緒狀態時，大腦就會製造這種物質。眞是太酷了！

爲了符合你的情況和達到最大效果，你將透過自我對話選擇所說的話語。這些話語不僅是隨時心情愉快的關鍵（這是短期的好處），也是使長期夢想成眞的神奇科學源頭。

不必多說，你會覺得更開心、更健康、更堅強，也會很滿意咖啡時間的自我對話。你會發現在每個角落都有更多有利的機會、有意義的人際關係，以及有趣的時光。你會發現自己對世界的整個看法都在改變。你取下眼罩，突然看見獨一無二的可能，但以前卻從未察覺。事實是，有些機會一直都在，你卻選擇性地忽略，這表示你根據之前的心理狀態和對世界的信念，把這些機會過濾掉了。

你會發現自己能做到以前從不認爲有可能做到的事。其實，咖啡時間的自我對話是我成爲愛情小說家的一大主因，而當時的我絕對想不到有這個可能。

## ❷ 你終於愛自己了

首先，自我對話本來就包含在心裡思考或說愛自己的話，以及透過行動對自己做出善意的回應。

試想有位對自己身體不滿意的女性，儘管如此，她還是開始肯定對自己和身體的愛。

通常她不會有這樣的心情。之前每次在鏡子裡看見自己的身體，她都會抱怨、嘆氣。但現在，她決定開始對自己說更好的話、想更好的事情。她下定決心要散發更耀眼的光芒，要換個方式對自己說話，讓光芒再反射到自己身上。

堅持「我愛自己」的新慣例幾天後，她開始察覺到變化。她發現她對自己更溫柔、更善良，也較少批評自己。又過了一週，她眞的開始認爲自己比以往任何時候更漂亮。她不斷說出對自己的善意。這麼做的影響力開始發酵，她現在眞的看見自己綻放前所未有的耀眼光芒。

最扯的是，她現在眞的變漂亮了，在他人眼中也變得更有魅力。這眞的是一件**很神奇**的事。人類往往會下意識注意到外表的細微變化：臉部表情、姿勢、體態、舉止、說話方式、自信等。當你開始散發愛的耀眼光芒，**其他人一定會注意到！**

對某些人來說，剛開始進展會有點慢。說這些話可能感覺很做作，這樣也沒關係，只要繼續努力下去，**一定會**有用，你也**一定會**改變。未來你將感受到更多的愛，也將付出更多的愛。

其次，利用咖啡時間的自我對話感受自己深刻的愛，能讓夢想更容易實現，因爲你開始眞正相信自己。你的生活也將過得更輕鬆，因爲你的壓力減輕，韌性變強了，此外跟你這個人相處也變得更有趣。別低估自愛對夢想成眞的影響力。

重點是，要愛**現在**這樣的你，同時將大腦導向你正在成爲的全新的你，這一點很重要。例如，不要等減掉不喜歡的體重之後才愛自己，而是要愛現在的自己，然後看著體重毫不費力地減輕，因爲你擁有了新的自我認同，相信自己能變瘦。

爲什麼這麼做會有用？道理很簡單。當你愛現在的自己，就會做出支持愛自己身體的選擇，而且做這些選擇毫不費力，沒有壓力，也不會發牢騷。例如，因爲你愛身體現在的樣子，所以可能會選擇更健康的食物或減少食物的分量，而且你**甚至不會意識到自己正在這麼做**。一切都是潛意識做的。愛自己的人通常不會虐待身體。當自我對話改變，行爲也會隨之改變。或者，試想……也許你選擇那塊萬惡的巧克力蛋糕，就是因爲愛自己，所以打算好好享用。在吃的過程中你很愛自己，每一口都樂在其中，**沒有罪惡感**。這樣的力量也很大！

第一個例子很好懂：選擇健康的食物能讓你更健康。第二個例子（萬惡的蛋糕）就沒那麼好懂了。這表示過得很開心、愛自己，就不會有內疚的想法，不會有壓力荷爾蒙，不會有負面的想法，而身體也會滿懷愛意、健康地吸收這樣的食物。當然，我不是建議因爲我們愛自己愛得要命，就可以天天吃蛋糕——你懂的，從第一個例子就可以知道這種情況絕對不會發生。愛自己會改變我們的行爲，讓我們做出更好的選擇。當我們做出更好的選擇，人生也會變得更好。每天吃蛋糕可能跟愛自己的自我認同不一致，而且你也不會因爲一時衝動而想做對自己有害的事。

我還沒說完呢！每天愛自己、接納自己，也會**讓身體健康**。你的細胞變得開心得不得了，蛋白質和荷爾蒙在體內快速增加，協助保持健康、減少發炎，並重新打造身強體健的未來。當自尊提升、自愛飆漲（這兩項都是咖啡時間的自我對話帶來的結果），甚至不必改變飲食或運動習慣，僅透過代謝的變化，體重就會開始減輕！

很奇怪吧，但大腦就是有辦法讓事情成眞，尤其事關身體、代謝、基因表現、免疫力和整體健康的時候。

以下是另一個例子：你不會等找到人來愛你，才開始愛自己。當你先愛自己，就會有很棒的人走進你的生活，就像變魔術一樣。這是吸引力法則在發揮作用，心中有愛的人會互相吸引。當你散發正確的能量，其他人一定會注意到，也會覺得難以抗拒。

還有另一個例子：你不會等到危機發生，才覺得有必要改善或改變人生。反之，你每次呼吸都會心懷感激。你會愛自己，會感謝自己和生命，就像今天這樣。如果你的日子過得還不錯，沒什麼大事好抱怨，就不要等到壞事發生才採取行動。要未雨綢繆！咖啡時間的自我對話就是現在可以立刻開始的方法。

不要找藉口，就從今天開始！以下有一條要遵守的規則：

## 愛自己是顯化夢想的先決條件。

如果你想成功，想感覺愉快、美麗、充滿活力，想更輕鬆愉快地生活，就從今天開始愛自己，進行咖啡時間的自我對話。

當我們愛自己時，好事就會發生。一切變得明亮、閃閃發光，更輕盈，卻更強大。愛自己是我們與生俱來的權力。當我們允許自己這麼做，隱形的重擔就會離開肩膀。無論生活中發生什麼事，我們的心情都會立刻變好。分手？疫情？裁員？令人痛心的欺騙？都沒關係，因爲愛自己讓你感覺完整、有價值。當你感覺完整、有價值，什麼都束縛不了你，也阻止不了你。你是可愛、有價值、優秀的。

從愛自己開始，能創造出一種能量，一種愉快、柔和的振動。這股能量環繞著你，並向外擴散，變成豐饒的土壤，培育你播種的自我對話種子。自愛讓你的自我對話變得更強大，並吸引對的人、對的機會和對的情況進入生活。

一開始，似乎很難做到愛自己，這時就需要咖啡時間的自我對話發揮作用來引導你。每天進行咖啡時間的自我對話，就是在幫自己加油打氣，同時改變大腦的回路，進而開始愛自己。第一次坐下來朗讀咖啡時間的自我對話時，可能不會有這些感覺，但進行幾次之後，這些感覺就會開始扎根。你播下種子，一再重複澆水、滋養種子，種子就會生根發芽。你很快就會注意到人生似乎開始變得愈來愈好，而且可能性和機會也急速增加。

## ❸ 增強幸福感

你現在知道自我對話能大幅提升自尊、幸福感和對人生的熱情，進而療癒、改善身心。這件事需要一再重複，這樣你就絕對不會忘記：正向的自我對話能大幅提高快樂的程度。

快樂存在於此時此刻。這一點很重要，請務必記得，因爲這表示只要選擇快樂，就能快樂。時時刻刻這麼做，就能持續創造幸福時刻，彷彿正在注射幸福點滴。這能打造出一種長期的**幸福模式**，創造出精采的生活。研究顯示，愈幸福的人生產力愈高，更樂於助人、更有活力、更討人喜歡，壓力也比較小。所以，成爲更有彈性、更健康、更有創意、賺更多錢的人吧。爽啊！

因此，就讓我們開始變得更幸福，因爲幸不幸福全在一念之間，完全取決於你，無論周遭發生什麼，無論情況如何，無論小時候、昨天上班時或十分鐘前發生了什麼破事。你要如何反應、如何前進，百分之百**由你自己決定**。

## ❹ 提升韌性

你會發現，自我對話是一種健康且「具保護力」的習慣，因爲你將更容易掌控情緒，不易受外在事件或隨機的念頭干擾。你的自尊強大到足以應付這種情況。隨著內心的價值感（你的自尊）提高，外在的情況和看法對你的影響力也會減弱，這時子彈會從身上彈開（好啦，這是一種譬喻），給你力量和韌性，讓你能再次站起來，繼續前進。

你擁有的這種韌性、這種耐力……是咖啡時間的自我對話最重要的好處，有如穿了盔甲。你知道自己穿著盔甲，於是獲得了奮鬥、突破、冒險的勇氣和信心，例如有信心約心儀的對象出去、要求應得的加薪、在YouTube上傳影片、創業，或在即興表演之夜展現才藝……嘿，甚至是寫你一直想寫的那部小說！總之，你不再害怕被人拒絕，而且眞的期待嘗試新的挑戰並從中學習。

這眞是太適合我了！身爲作家，因爲自我對話而愛自己，讓我保持愉快的心情，就算有可怕的書評，我也不會受到影響。你知道讓一則陌生人的負評毀掉一整天，有多麼容易嗎？即使它只是成千上萬好評中唯一一個奇怪的觀點，還是很討厭，也能讓人迅速墜入絕望的深淵。但是，當你擁有高自尊，也愛自己時，就不會在乎他人的評價。你受到保護，不受這些評價左右，你甚至能客觀而不帶感情地思考這則批評。

## ❺帶來愛、健康與財富

咖啡時間的自我對話能在許多方面眞正改善你的生活，但最重要的三個層面是：

- 愛
- 健康
- 財富

我會在後續章節更進一步討論這幾點。目前只要知道，咖啡時間的自我對話能幫助你找到持續一生的愛情或人際關係。你知道，就是電影裡演的那樣。因爲它能幫助你成爲眞正的自己，而**這**又有助於你吸引靈魂伴侶，一位和**真正的**你產生共鳴的人。

許多人使用自我對話來改善健康，無論是生病或受傷後痊癒、改善體態，或單純改善整體健康狀況（見第十四至十六章）。

而且，在你的自信和創造力飆升的同時，自我對話也有利於你的銀行帳戶，增加財富和豐盛（見第十七章），讓你看見更多的機會和可能性，也能讓你更聰明地花錢，專注於眞正讓你快樂的事物。

## ❻ 加速顯化夢想

我之所以積極地讓自我對話成爲每天的習慣，是因爲當我決定成爲**快樂性感的百萬富翁**時，我的目標就是盡快顯化，而沒有什麼比每天持續的進步更能讓這件事加速成眞。（我在部落格 HappySexyMillionaire.me 分享我如何做出這個決定，期間又爲了達成目標做了哪些事，也分享了過程中的成長、成功和挫折）。

自我對話是顯化快樂性感的百萬富翁命運的關鍵要素，它是持續強化我的心態和自尊的其中一種方法，讓我像貨運列車般持續往前行駛。我在成爲快樂性感的百萬富翁的旅途中得知，吸引力法則（和顯化夢想）有個重要因素，就是**一整天都維持愉悅的情緒**（我之後會再分享這件事），而我發現沒有任何方法比咖啡時間的自我對話更容易做到。

光思考自己想要的如夢似幻美好生活和抵達目的的大小目標，並不是實現這一切最快的方法。事實證明，只想出一份想要和渴望的項目清單，反而會把你推到前往豐盛的慢車道上。這雖然不是死胡同，卻也不是特快車。

當這些想法、目標和生活抱負，與**愉悅的情緒**結合在一起，才會出現魔法。此時的你會覺得無拘無束、興奮、充滿愛。正是腦中**思維**與**感覺**部分的結合，讓你的想法與行動一致，移除所有該死的障礙（如自我懷疑），把自己放入一級方程式賽車裡，奔向未來精采絕倫的生活。

當你心中充滿這些情緒，恐懼便無立足之地。想像一下，如果你**無所畏懼**，生活會是什麼樣子？我以前時常處於恐懼中，但現在恐懼幾乎完全消失無蹤。當時的生活和現在的生活，兩者的差異絕對令人訝異，而我絕不願意再回到過去那種日子。

## ❼ 創造出全新、神奇的你

想像以下畫面：你正在顯化夢想，感到快樂、自信。那會有多棒？如果你感覺自己正在微笑著度過每一天，而不是艱難跋涉、蹣跚前行，生活會有什麼不同？如果你有更多精力、熱情和自信，每天、每週、每月能成就多少事？想想上述情況，因爲有了咖啡時間的自我對話這個新方案，這些情況都即將發生，就像浴火重生的鳳凰。

你所說所想的正向肯定句和想法，是對潛意識所下的指令，是大腦的藍圖。當你滿腦子都是這些想法，就會成爲習慣，你會做出新的選擇，並創造一個難以置信、神奇而全新的你，而且是出自你自己的設計！

你會希望自己有哪些特質嗎？你想知道如果自己更勇敢、更風趣或更有創意，會是什麼情況？你希望自己成爲更好的作家嗎？你想減肥嗎？你想放輕鬆，不要這麼焦慮嗎？好吧，你可以透過專門設計的定期自我對話，來改變個性和心態，成爲你夢想中的那種人。

這個方法眞的有效，我和其他數百萬名這麼做的人就是活生生的證明。咖啡時間的自我對話讓我變得更快樂、成爲更好的作家、在不想上健身房時激勵我去、讓我成爲更好的母親及更浪漫的妻子……這張單子可以一直不斷列下去，你也可以體驗到相同的結果。

## ❽ 增強自信

我的自我對話提升了自信，讓我擁有健康的自信心。我現在可以輕鬆地跟陌生人交談，比以往任何時候都更能自在地與人攀談。我不大會說義大利語，但即使在義大利，我都敢與人接洽，一點也不擔心把事情搞砸或被人誤解。這不僅讓我學到更多（對我而言是義大利語），也開啓了許多新機會。偶爾我會學到某些事物或遇到某些人，因而解決了生活中某個迫切的問題；或者跟陌生人的一次談話，讓我發掘全新的人際網絡；或者是發現某種能幫助別人的方法，也或許只是交到一位新朋友。絕對有利無害。

咖啡時間的自我對話也讓我在感受任何壓力和焦慮時，依然愛自己，並立刻打造安全的棲身之處。以前在寫部落格文章或出版書籍時，成就並無法帶給我喜悅，任何經驗總是伴隨著焦慮。因爲，一旦我寫的內容公諸於世，會感覺自己不堪一擊，不知道別人會怎麼看待我的作品。我會一直盯著社群媒體……不知道大家喜歡我寫的東西嗎？

去他的！現在，我滿懷喜悅和興奮，勇敢地將我的藝術作品展現在世人面前。我已經制約了我的心智，知道我是個多產、有料的作家，創意源源不斷。我可以不停創作，因爲我不缺乏創意。我一直這樣告訴自己，而且眞的有用！

我不再擔心其他人的反應。有些人喜歡，有些則否。喜歡的人是我的觀眾，不喜歡的不是。對我而言，寫作、分享讓我覺得爽斃了，所以我很期待、也很渴望持續下去。

一旦你改寫自己的程式，變得有自信，就不會再有意識地思考這件事。這麼做成爲你的「新常態」，也是新的生活方式。此時的你對一切瞭如指掌，也握有眞正的力量。韌性和自信成爲預設的思考模式，就像一棵矗立在熱帶暴風中的棕櫚樹，輕鬆地迎風搖曳，隨風起舞，直到呼嘯的風止歇。這些特質讓你有能力處理任何情況，且不再恐懼。這是驚人的壯舉，也改變了遊戲規則。

## ❾ 面對未來處變不驚

咖啡時間的自我對話也能幫你在面對未來時處之泰然。當你的自信心增強，並體驗到隨之而來的感覺，便可將未來世界的衝擊和壓力的影響降至最低。自信造就成功，成功帶來自信，形成一種良性循環。咖啡時間的自我對話助長了這個循環，並立刻開始建造你的防彈盔甲。只要堅持一段時間，你就會變成連炸彈都炸不死的狠角色。

這一切，只需要對自己說些簡單的話就能做到，而且是你自己的話。

在本書中，你將學習如何創作屬於自己的咖啡時間的自我對話，如此一來，你就能體驗到以上不可思議的好處。我會提供你一些想法，讓你知道在自我對話時該說些什麼，包括我個人使用的獨特增強技巧。我用這些技巧讓這個每日儀式的效果，比只是把話說出口更有效。我保證，只要你花時間坐下來，享受一杯咖啡，認眞朗讀你的自我對話，並堅持下去，你將擁有精采的生活。

要過上幸福的生活，需要的並不多。

一切都在你心裡，在你的思考方式裡。

——馬可．奧理略（Marcus Aurelius）

# 第四章

# 自我對話魔法背後的科學原理

身心是一體的。我們對健康與幸福的控制力，比我們理解的要多得多。
——艾倫・蘭格（Ellen Langer），哈佛心理學家、「正念之母」

自我對話眞的能改變大腦的生理構造。人類大腦具有**神經可塑性**，表示無論年紀多大，大腦都能出現劇烈的變化。這是我們學習新技能的方式，例如彈鋼琴、箭術、學新語言，或者就我而言就是寫小說。

不過，這表示我們的思考模式也可以改變，例如如何看待世界或應對發生的事件。神經科學家已證實人類大腦仍然非常靈活，所以能建立新的神經路徑。當你學習新事物時，大腦細胞（稱爲神經元）就會採取行動！你是導演，它們是演員；你是將軍，它們是聽令於你的士兵，對你唯命是從。

這很重要，因爲這就是咖啡時間的自我對話幫助你突破困境、步上正軌的方法，讓你去愛自己神奇的生活，並吸引內心渴望的人事物。因爲你（沒錯，就是你！）根據每分每秒的想法和感受，決定了哪些事物會（或不會）牢記在頭腦裡。咖啡時間的自我對話能給你這種掌控力。

## 發射、連結：烘焙式思路（baked-in mindset）

反覆做的事情或一再出現的心情，會烙印在思考模式裡。更明確地說，你的腦細胞用想法「發射、連結」，意思是某種思考模式激發大腦並啓動腦細胞。每次腦細胞因爲重複這種模式而一起發射訊號，神經元便開始連結或「一起接線」。

這種情況愈常發生，或神經元連結時伴隨的情緒愈多，回路就愈強固。這麼做的次數夠多之後，這種模式就會變得根深柢固，猶如電線變得更厚實、更穩固。這改變了大腦的基本構造，使你成爲**現在的你**，塑造了你的性格。

只要注意這個過程，就能加以控制。只要選擇就能做到。任何時候，一旦新的思考模式、信念、行爲、習慣反覆出現，就會發射、連結，創造新的生活。控制權在你手裡，這一切都來自於你的想法、行爲和感受。有新的想法，就會有新的你！

當神經元愈常在某種模式中同步發射訊號，產生的回路就會愈牢固。回路愈牢固，就愈明顯。回路愈難拆除，就表示它們變得持久且有韌性。如果是好的回路，這樣很好。但如果是不好的回路，例如有害的習慣或對自己、對世界的負面信念，而且這些信念甚至可能不是眞的，那就糟了。但一旦意識到這些事，就**能夠**加以改變。

## 爲什麼這份超能力至關重要？

重塑大腦的能力很重要，因爲這樣你才能成爲全新的你，才能創造精采無比的生活，將體驗幸福與喜悅**設定為預設模式**。換句話說，這將成爲新常態，意思是你不會等到外界有好事發生才有好心情，因爲你的內心隨時都有改變的食譜和材料。這是我們的超能力，任何人都能做到！

咖啡時間的自我對話幫助我將大腦程式改寫爲成功程式，也能在你身上發揮同樣的效果。現在的我起床時不再覺得疲憊、頭昏腦脹或注意力不集中，而是立刻跳下床，迫不及待迎接嶄新的一天！回顧過去早上的經驗，跟現在簡直有天壤之別。即使在新冠肺炎大流行期間，我的日子也充滿喜悅、目標明確。疫情雖然暫時影響了生活，卻無法撼動我內心深處的幸福感。

有了正確的心態、話語和想法，無論身邊發生什麼事，都能發掘喜悅的泉源。這句話我說再多遍也不爲過。

## 園藝剪：大腦用來幫助你的工具

厲害的是，一旦超酷的新思考模式發射、連結，假以時日，舊的回路會因較少使用而枯萎。大腦的連結跟肌肉一樣，不常使用就會萎縮。猶如那句老話：「用進廢退。」

換句話說，愈常口說好事、心想好事，大腦就會爲了支持這些好事而愈常改變，同時丟棄未使用的舊連結。神經科學家稱在大腦裡發生的這種情況爲「修剪」（pruning），這比喻很妙……只要想像以下情況：爲了供應健康的樹枝更多養分和能量，於是那些舊的、不好的垃圾都被修剪掉了，例如樹上乾枯或脆弱的樹枝。**剪**、**剪**、**剪**。

這對爲了精采無比的生活而改寫潛意識程式來說是件好事，因爲一旦新的回路因重複而變得牢固，舊有的負面模式就很難（或不可能）又偷偷出現。如果時間夠長，而你也持續進行正向的自我對話，就不必擔心故態復萌。你已經成爲美麗的蝴蝶，經歷的是單向的蛻變，因此不會又變回毛毛蟲。即使從前觸發情緒的事件又突然出現，也無法再左右你。以前那些局限你的垃圾信念、觀念和想法等，最後都變得悄然無聲，不再煩擾。

這不是很棒嗎？

當這種情況發生時，大腦會開始拆除有缺陷的舊回路，以便將這些構件重新使用在你正在打造、具有活性、很棒的新回路上。這就是全新的你！因此，學習新事物就是在改變你這個人，因爲大腦正在即時、不斷地拆除舊回路，創造新回路。你重複什麼，就得到什麼。「人如其食」這句話說得不好，應該說「人如其思」。

## 擁有與現在截然不同的大腦

神經科學證明，隨著每一個新的念頭，每一種新的情緒，每一次新的體驗，大腦的生理和化學構造就會眞的改變。無論年齡多大、情況如何，只要幾週時間，大腦就會出現劇烈的變化！

舉例說明：當我有很棒的想法，心情愉悅時（愛、敬畏、感恩等），就是在發射訊號，爲好事連結回路。可能是一件簡單的事，例如想到我先生和女兒，感受到對他們的愛；或想到能吃到的食物，覺得感恩；或讚歎地凝望著山脈或海洋，感到敬畏；或依偎著我的小狗，感到平靜；或一切盡在掌握中，知道我有能力、我很棒；或想到規畫的未來就感到興奮、期待，感覺自己潛力無窮。

以上這些心情愉悅的時刻，都在我的大腦刻下痕跡，為成功、愛，以及所有好事連結回路。可將此現象稱為大腦的「向上布線」（upwiring），因為這是一種升級！

此外，這麼做表示我不再執行兒時建立的以恐懼為主的舊回路，時間一久便開始枯萎。多酷啊！

## 這不只跟你的大腦有關

到目前為止，我一直在強調自我對話如何重新連結大腦回路。但不只這樣，因為大腦控制著許多發生在體內的事。確切地說，大腦真的能改變身體，這表示自我對話也能改變你的身體！

你知道嗎？研究證明，只要用想的，就能在不動到身體的情況下改變身體。我們的心智就是這麼強大！研究人員要受試者**想像**自己肌肉緊繃，而他們的肌肉就**真的緊繃**

了，連一根手指都沒動過！你不覺得見鬼了嗎？實在是太厲害了！如果只要動動腦就能鍛鍊肌肉，誰還需要健身房啊？呵呵。

但說眞的，這項研究的受試者正在啓動大腦中與運動相關的路徑，所以他們的大腦以爲他們正在運動，其實並沒有。當連接到磁振造影（MRI）得出大腦內部的成像時，無論是否眞的在舉重，他們的肌肉都呈現出相同的活動。眞了不起！

以下這則不可思議的例子，可用來說明心智的力量究竟有多大。在《啓動你的內在療癒力》（*You Are the Placebo*）中，喬．迪斯本札（Joe Dispenza）博士分享了一則心智如何改變身體對過敏物質反應的例子。日本一項研究，以十三名對某種毒性類似毒藤的植物呈現過敏反應的男童爲對象，研究人員用無毒的樹葉觸碰這些男孩的手臂，告訴他們這些樹葉其實是有毒的。結果，十三名男孩被樹葉碰到的手臂皮膚都出現了反應，即使這些樹葉**沒有**毒。但這些男孩**相信**葉子有毒！

然後，研究人員用**有毒的葉子**觸碰這些男孩的另一隻手臂，但這次卻告訴男孩葉子無毒。這次，在被毒葉子碰到的十三名男孩中，只有兩人出現過敏反應，十一人未出現任何反應，因爲他們以爲葉子沒有毒。

眞是大開眼見！這就是心智所展現的力量。

## 想法如複利，一經重複，效果加倍

無論你的想法是好是壞，只要一經重複，這些想法就得到動能和力量，因而「效果加倍」。因爲重複對放大好想法和壞想法的效果相同，所以務必選擇**好的**想法！

每次重複說好話，這些話的情感價值就會增強，於是創造出更強大的感覺。發生這種情況時，你可得小心了——哇呼！——因爲你的大腦和身體會開始行動，創造閃亮的新實相。

在顯化你的新人生這件事上，想法的效果跟複利一樣。一經重複，效果加倍。所以，要學聰明，明智地選擇在腦海裡打轉的每一個想法（和身體感受到的每一種感覺），因爲每一個想法都很重要（確切地說，自我對話的想法會眞的**變成實體**）。

如果你是整天抱怨和發牢騷的人，這麼做一點好處也沒有。如果你醒來感覺有一大堆事要做，或環境似乎壓得你喘不過氣來，那麼現在不僅是改變觀點的時候（稍後我會提供一些這麼做的技巧），也是你讓這些想法安靜、徹底殲滅它們，不讓它們有機會出現的時候。別再生活在黑暗裡了，這樣過日子簡直是浪費生命。

那些想法是負面肯定句。每次思考或說出這些話，大腦裡的壞路徑就變得更穩固。

那些句子之所以被稱爲肯定句，因爲這就是它們在做的事：把一件事當成事實來肯定！所以我們要用強而有力的正向對話和**「換個角度想」技巧**（簡稱APT，見第十章），把負面的垃圾話擠出來。你會看見眞正的改變因此而發生。

> 樂觀不滅，力量倍增。
>
> ——柯林・鮑爾（Colin Powell）

信念能療癒身心，也能造成傷害。如果你是會說「每次流感一流行我都會中鏢」這種話的人，你猜怎麼著？你正在創造讓這句話盡可能成眞的環境。（這是目前科學界很熱門的話題。事實上，有個叫作心理神經免疫學的領域，研究內容是大腦用來調節免疫系統，以提高或減少疾病抵抗力的化學路徑。這不是魔術或法術……而是神經傳導物質、荷爾蒙和表觀遺傳學。）

話語具有極大的力量。具有神經可塑性的大腦創造了無限可能，因爲大腦是有能力改變的。心智並非靜止不變，因此個性和實相亦然。但眞正令人驚奇的是變化發生之快速。大腦可能在一念之間瞬間改變，所以人生的方向也能立刻改變。定期進行咖啡時間的自我對話將創造自動、不費力、純天然的健康思路。卓越的心態將成爲你習慣的方式，就像一項超級厲害的技能！

我想你一定聽過這幾句老話：「江山易改本性難移」或「老狗學不會新把戲」。好吧，這些話通常都是對的，因爲多數人並不知道自己能夠改變，因此甚至不會嘗試這麼做。但嚴格來說，這些話根本錯得離譜。人是有能力改變的，也**真的**會改變。無論什麼年紀，都**有能力**學習新技能。黑姆施泰特博士是在七十幾歲時第一次拿起弓箭，現在他是具有奧運水準的射箭高手。這才叫**神經可塑性**！

因此，只要條件對了，任誰都能夠改變。最棒的是，你可以**立刻**開始。

萬法唯心造，諸相由心生。

——佛陀

# 第五章

# 屬於你的咖啡時間自我對話

此時此刻的你無論身在何處、生活環境如何，都擁有極大的力量。感受人生的篇章正在翻頁，這是你的時刻。今天，你有潛力、有權力改變對自己的信念；你有權利在每一刻做出更好的選擇。這一切都跟你對自己、對世界的想法有關。如果你爲了得到最好的結果而改寫大腦程式，一定會有收穫。現在機會來了。

本章涵蓋了一些基本概念，教導你從零開始寫出屬於自己咖啡時間的自我對話。如果不想自己寫，或想使用預先寫好的範例立刻開始，可參考本書第二部提供的多份腳本。

## 咖啡時間的自我對話規則

### 規則❶：用第一人稱

自我對話一定要用第一人稱寫、說和思考。例如：

我不吝惜自己的成功
並渴望與他人分享

在重新連結大腦回路時，一定要用第一人稱，才能讓「你」同時是**給予者**，也是**接受者**。這是直接進入頭腦最簡單的方法，也能更快有感覺。你正在用你的話語和聲音講述你的故事。「我」就是自我對話中的**自我**。

## 規則❷：用現在式

創造有效自我對話的第二個訣竅，是用現在式書寫。這能創造事情已經發生或正在發生的感覺。不是明天，不是下個月，不是明年。即使你想要的事情尚未發生，也要這麼做。記得，這麼做是爲了改寫大腦程式。你想要大腦開始表現得好像你想要的事情已經成眞。你不想讓大腦有任何藉口把事情往後拖延。

所以，寫下並說出你的自我對話，彷彿把話說出口和事情發生之間沒有時間差。在你和你的成就以及心情愉快之間，沒有空間。

你在咖啡時間的自我對話寫下的事項，範圍將從你看見自己正在達成的成就，到實現的方法，再到這一切帶給你的感覺。這是美妙的新實相，而你正在透過正向肯定這一切，將渴望的事物吸引到身邊。

## 準備好你的魔杖

有個很不錯的方法能幫助你腦力激盪，寫出專屬於你的咖啡時間自我對話腳本。方法是先思考你現在的生活和想要的生活，如果可以魔杖一揮，改變自己或生活，你會做什麼？

你想要有更好的工作嗎？你想找人談戀愛嗎？你想更有自信嗎？你想病癒或傷後康復嗎？你想減肥或找到健身的動機嗎？你想喜歡運動嗎？你想開始靜心之類的好習慣嗎？你想戒掉吃糖的壞習慣嗎？你希望自己更風趣、更有錢、更快樂、更有創意嗎？

思考你想要什麼，想成爲什麼樣的人，想過什麼樣的生活，想有什麼樣的感覺。問自己下列問題：

- 哪些東西可以擴展我的能量？
- 如何才能在生活中擁有這些東西？
- 哪三件事或哪三個人能帶給我純粹的快樂？
- 我最喜歡以前的什麼時候？
- 我最喜歡去哪裡度假？
- 我想要更多什麼？
- 我想要更少什麼？
- 哪些東西是我現在沒有卻想要的？
- 擁有我想要的東西會帶給我什麼樣的感覺？

寫下浮現在腦海的任何事物，然後帶著這些夢想，用「我喜歡＿＿＿」「我是＿＿＿」「我覺得＿＿＿」等用語，寫成詞組和肯定句（請參閱本章以下腳本）。

# 咖啡時間的自我對話日常流程

寫好你的自我對話（或選擇本書提供的腳本）之後，你將在每天早上喝咖啡時朗讀給自己聽（最好大聲念出來）。

再次重申，對自己說話、談論自己，可能會感覺很奇怪或陌生，但別擔心，我保證這件事很快就會變得超級簡單又有趣。不久你就會習慣對自己說話和談論自己的聲音。確切地說，這麼做會變得很正常，不久就**再也不必**忍受關於自己的壞念頭或壞話。你將震驚地發現那樣的想法有多糟，就像用沙紙在絲緞上摩擦一樣。

愈常大聲說出你的自我對話，做起來就愈容易，會變有趣、自然，你也會很期待。你會像想喝咖啡一樣想做這件事。當自我對話用超級豐富的心理營養素餵養你的大腦和心智，你甚至可能開始感到悸動、閃亮，而且心情超好。在任何心有疑慮或感覺很怪的時候，只要觀察那個念頭，然後說：「念頭啊，感謝你到此一遊。」然後繼續做自己的事，這樣你就贏了！

# 立刻開始：簡單的開始腳本

以下是兩則不指定用途的通用版咖啡時間自我對話腳本範本。在第一個範本中，一開始我會先說些溫柔而有效的話。可將這個範本輸入Notes或Evernote之類的應用程式，也可寫在日記本上。

之後我們會把以下腳本升級成更強烈、更有影響力的話語。但如果你之前從未接觸過自我對話，不知如何提升自尊，這個較溫和的範本還是能提供你一些開始的想法。

泡杯咖啡，坐下來把範本從頭到尾讀過，每讀一句就停一下，讓這些字句沉澱在心裡。

我是個好人。

我喜歡今天。

我現在心情很好，因爲我正在照顧我自己。

我熱愛生命。

我熱愛我的生活，因爲我活得有方向、有意義。

我今天會過得很愉快，因爲我準備好了。

我的收入正在增加，未來只會有好事發生。

我祝福現在在生命中的一切：我的咖啡、我的椅子、我的家、我的生活。

我喜歡心情好。

我肯定我自己，因爲我眞的很棒。

我喜歡在生活中擁有説幾句話心情就很愉快的能力。

我有所成就，因爲我堅持到底。

我選擇自我感覺良好，因爲我值得。

我掌握自己的力量。

今天的一切都很美好。

我永遠都有選擇。

我既健康又富有。

我今天有時間做想做的一切。

我的心情好極了。

我的心態棒極了。

今天是美好的一天。

我就是喜歡今天這樣的我。

我現在正在感受愉快的心情，因爲這是成功的關鍵。

這很有趣，我已經爲今天做好準備。

生活中機會無所不在，因爲我來者不拒。

我身體健康，充滿活力。

我現在的心情眞的很好，因爲我熱愛我的生活。

# 你覺得這件事很蠢嗎？

老實說，我第一次做這件事時，感覺自己像個呆瓜……但這種感覺大概只持續了一分鐘。然後我想到所有成功到超乎想像的人，也吹著同樣的號角、跟著同樣的樂隊行進。使用自我對話不是什麼新鮮事，有許多人用它來做大事、賺大錢、治癒疾病、強健體魄，過著絕佳的生活。

我也想要這樣！我知道這是能改變生活，把人生提升到新高度的一種方法，於是我全力以赴。我扔掉用膠帶黏貼的呆瓜眼鏡（這是一種比喻），穿上超級英雄披風，遊戲開始！

看見我的咖啡時間的自我對話腳本隨著時間演變，是一件有趣的事。一開始，我的腳本很像前面讀到的內容。雖然現在我的層次已大幅提升，但在朗讀腳本時，我都有種飄起來的感覺！我**真的**非常投入。

# 現在輪到你了

第一次坐下來朗讀咖啡時間的自我對話時，可能只要一分鐘即可完成。如果發生這種情況，而你的杯子裡還有咖啡，只需要一遍又一遍地朗讀。喝一口咖啡，再做一次，直到咖啡喝完爲止，然後精神振奮、更有自信，積極專注地去忙當天的事。

進行咖啡時間的自我對話一段時間之後，你可能會發現腳本變得愈來愈長。這非常有趣，也很鼓舞人心，跟你在進行自我對話時喝的咖啡因一樣令人上癮。許多人最早是從基本概念和簡單的通用句開始，時間一久，你會充實腳本，增加跟自己、你的情況和目標有關的特定細節。

新的想法和敘述會開始在腦中不斷湧現。你愈想到自己正在過的美好生活，就會產生愈多想法。你會發現一天當中不時浮現想法或一閃而過的領悟，這時你會想記在筆記本上，之後再新增到腳本裡。每當靈感襲來，請務必這麼做！

新增到腳本的細節很重要。這些細節會在腦中創造出更生動、更清晰鮮明的畫面。例如，你可能會新增幾句特地爲健康的飲食習慣而說的話，或是新增與生活中的豐盛感受有關的一句話，以及這句話如何改變了你的觀點或決定；你可能會從最喜歡的歌曲中擷取一句讓你更加自信的歌詞，新增到腳本裡，讓自己更能聚焦於全新的你；或者可能寫下關於每天運動的一句話，例如做一組伏地挺身，讓這個畫面在腦中清晰可見。

最後你會每天花五分鐘、十分鐘，甚至十五分鐘來複習咖啡時間的自我對話。對話內容會逐步演變，本該如此。我的腳本現在很長，整份讀完得花整整二十分鐘，這取決於我希望畫面多像電影（之後會再多談一些戲劇效果）。但我不在乎時間長短，因爲做這件事的每一分鐘我都很喜歡，很興奮！

有時候，咖啡喝完了，我只讀了一半，我會晚一點再找時間讀完。另外有些時候，我會準備好所有東西，坐在那裡細細品味，享受**兩杯**咖啡。重點是我每天都會做這件事。

在本書後續章節，你會發現更多增強法，這些方法能將咖啡時間的自我對話提升到超厲害的程度。目前，第一步是只要寫出十五句簡單、強大的自我對話即可。

# 好上加好！提升咖啡時間自我對話的進階腳本

之前的基礎版腳本是不錯的開始方法，可直接套用，也可隨意更改。我在咖啡時間的自我對話中很常使用「很棒」「精采」這兩個詞，我公公則經常使用「不可思議」這個詞。選擇對你有用的字詞。你也可以變化腳本的長度……想多長多短都行。見鬼了，甚至只是一直重複同一句話也可以，一句濃縮的咒語，字少卻有力……例如**卡布奇諾時間的自我對話！**

只要開始做，就會覺得很有趣，而且會很期待可能發生什麼事，甚至還會開始思考新的方法，更有效、更有愛、更正向地談論自己。你會不假思索地用新的語言形式思考和說話。釋放最能讓情緒激動的話語、想法和夢想。別害羞，這是你發光的時候！

以下是加強版的內容，其中充滿有力的字眼：

我是個很棒的人，因爲我善良、美麗又慷慨。

我喜歡今天，因爲今天由我作主。我要讓今天成爲我要的樣子！我很強大！

現在，此時此刻，我感到心情振奮，因爲我正在照顧自己。我值得擁有這段時間，我可以在此時爲今天做好準備，讓今天成爲有史以來最棒的一天。

我熱愛生命。我熱愛我的生活。我愛我自己！無論我走到哪裡，生活中的機會都無所不在。我要好好把握！

我今天會過得很精采！我面帶燦爛的笑容，期待今天每小時發生的一切。

此時此刻我放下恐懼。現在，我正在爲我的成功和餘生負起責任。

我祝福此刻生活中的一切。我的咖啡、我的椅子、我的床、我的家人、我的朋友，我全部的生活。

我超喜歡心情這麼好的感覺！就是這樣！

昨天已成過去，我不留戀。我從中學習，然後繼續向前邁進。

今天，此時此刻，我準備好好愛自己。這爲我創造了一個很棒的時刻，也提高了未來成功的機會。

絕佳機會的大門在我四周敞開。我躍躍欲試。

我很喜歡在生活中只靠說話就讓心情這麼好。我太棒了。

我能成功，因爲我有能力、有創意、有價值。我選擇自己，也尊重這樣的我。

我的生活每天都變得愈來愈精采。生活在各方面支持著我。

我認可自己。我放下限制性的思維和信念。

今天的一切都很美好。我對閃閃發光的生活和我的學習、成長感到敬畏。

我有充裕的時間做今天想做的每件事。

我感覺很棒，因爲我完整、健康、美麗、充滿活力。

今天是很棒的一天，我現在正在感受有力量、有樂趣的感覺。好好感受吧！

這很有趣，我喜歡這麼俏皮的感覺！我明亮有朝氣。

我身邊環繞著愛和光。我對自己、對別人都富有同情心、慈悲心和愛心。

沒有我做不到的事。我有一顆快樂的心和有創意的頭腦。我思考正向，心情開朗。這創造了最精采的生活。

我很聰明，熱愛學習。

世界上沒有任何一個人像我。

我是個性感的混蛋。

我過著全新的人生，而這是我自己發揮創意設計的。

我對命運感到無比樂觀並充滿熱情。

## 專業建議❶：用「因爲」一詞提高成功率

舉例：「我一定會在預定的時間去健身房，**因為**我知道運動的感覺很棒。」

用「因爲」一詞來增強自我對話，是很聰明的做法，而且也有科學研究證明這麼做的效果。當你使用（或聽到）「因爲」一詞，就更可能按照聽到的話或提出的要求去做。接在「因爲」之後的字句提供了這麼做的理由，也證明了做這件事動機的合理性，因爲它顯示了強烈的因果關係。

因此，當你使用「因爲」一詞，大腦會特別注意，無形中也提升了自我對話的重要性。當你讓自我對話產生結果和意義，會更相信這麼做能幫助你達成自我對話的目標。所以，爲你的成功做好準備，盡量在腳本裡加上「因爲」一詞，**因為**這麼做眞的會有幫助。

## 專業建議❷：用細節激發喜悅

發揮創意，變化使用的字句。這些字句可能、也應該隨著時間改變，因爲咖啡時間的自我對話也會演變。我在寫自我對話時，會先寫下腦海中浮現的任何內容，再加以編輯，將每個句子修改到讓自己感到喜悅爲止。如同《怦然心動的人生整理魔法》作者近藤麻理惠在談到個人物品時所說：這個物品（梳妝臺、襯衫、花瓶等）會讓我怦然心動嗎？如果不會就丟掉。以自我對話來說，就是把句子編修到只留下能在心裡激發喜悅的字詞。

例如，我想要一個關於**逆向**衰老的詞。我試了「抗衰老」「逆轉衰老」等字詞，但很快就意識到我根本不想提到「衰老」這兩個字。這個詞無法振奮我的心情，就算前面加了「抗」這個字也不行。這個詞聽起來太古板，太像治療用語了。於是我不斷換方式寫，看不同的句子能與我發生什麼樣的共鳴。演變的過程是這樣的……「我逆轉衰老」「我抗衰老」「我抗衰老的基因現在正在表現自己」「我外表年輕，心情也年輕」。嗯……愈來愈接近了。

「我年輕漂亮。」就是這個！這句話激發了我的喜悅。**叮叮**。我找到我喜歡的用語了，而且這個字詞在心中激發出特別的感覺。這種感覺就對了。

但後來我又更深入探討，開始寫更多細節。給大腦的細節愈多，大腦就愈容易聽從指示。人類的大腦喜歡能引發心像的字詞，如果心中能出現畫面，大腦和身體就更容易實現這件事。於是我也寫道：「我的身體製造豐富的膠原蛋白，我的皮膚完美、光滑、晶瑩剔透。」

最後，這兩句話我都喜歡，也都保留了下來。我寫道：

我年輕漂亮。我的身體製造豐富的膠原蛋白，我的皮膚完美、光滑、晶瑩剔透。

因此，你可以看到我是怎麼把抗衰老這個想法放進我的咖啡時間的自我對話，而且不斷改寫到產生深刻的共鳴，也因此寫出了效果更強大的肯定句。人類的大腦喜歡一清二楚，所以在咖啡時間的自我對話演變時，不要羞於使用有力的字和描述性的細節來創造你想要的獨特畫面。

以下舉另一則例子。我一開始寫的是：

我的生活充滿豐盛。

這句話很好，簡單、正向，但有點模糊，於是我更深入探索。我開始明確想像「豐盛」對我而言意味著什麼。從一開始的那句話，到最後我的豐盛腳本變成：

我在生活中有充裕的時間做我想做的一切。我身體健康、活力充沛、朝氣蓬勃，每天早上都迫不及待跳下床。我的錢財不虞匱乏，身邊到處充滿賺大錢的機會。

如你所見，我增加了簡單豐盛的觀念，並提供更豐富的細節，同時我的咖啡時間自我對話依然保持簡單扼要。不必太過複雜花俏，除非這樣你才會產生共鳴！我喜歡從簡單容易的句子開始，再增加描述性的字詞，同時保持主題清楚、切題。

有趣的是，等你開始書寫或思考自我對話的句子，可能會感到力不從心，因爲有太多好事要說、要改進或改變。你可能會發現，在想像各種可說、可思考、可感覺且激勵人心的好事時，閘門也打開了。曾經，我每天得花三十幾分鐘才讀得完咖啡時間的自我對話腳本，因爲涉及的範圍太廣！（剛開始，我每天的通用腳本只需要五分鐘，然後慢慢添加了內容。目前大約需要二十分鐘，如果趕時間，就只需要大約五到十分鐘。涉及像寫作這種特定主題的腳本，只需要大約五分鐘。）

重點是，你要想像你想過的那種精采生活，然後寫下咖啡時間的自我對話來反映這些想法，而且要用現在式，彷彿這些事已經發生了。如果你的閘門眞的打開了，別擔心，盡可能寫下（或聽寫）能捕捉到的想法，之後可隨時刪減。當你的繆思女神橫衝直撞時，拜託你不要擋路！

要隨著時間持續擴增自我對話，一有靈感就寫下來。如果有哪句話讓你最有感觸，只要重複那句話，一遍又一遍地說，像閃閃發光的咒語。這句話會如催眠般整天不時出現在你的腦海，像一股快樂、自信的小電流一樣電擊你。

有時我在聽音樂時，會聽到很適合放進咖啡時間自我對話的歌詞，於是把這句歌詞加進去！

無論你的靈感來源爲何，都要發揮創意，找到各種方法對自己說關愛、鼓勵的話，也要玩得開心。

無論哪個時代，
最偉大的發現都是人可以透過改變心態來改變自己的人生。
——威廉·詹姆斯（William James）

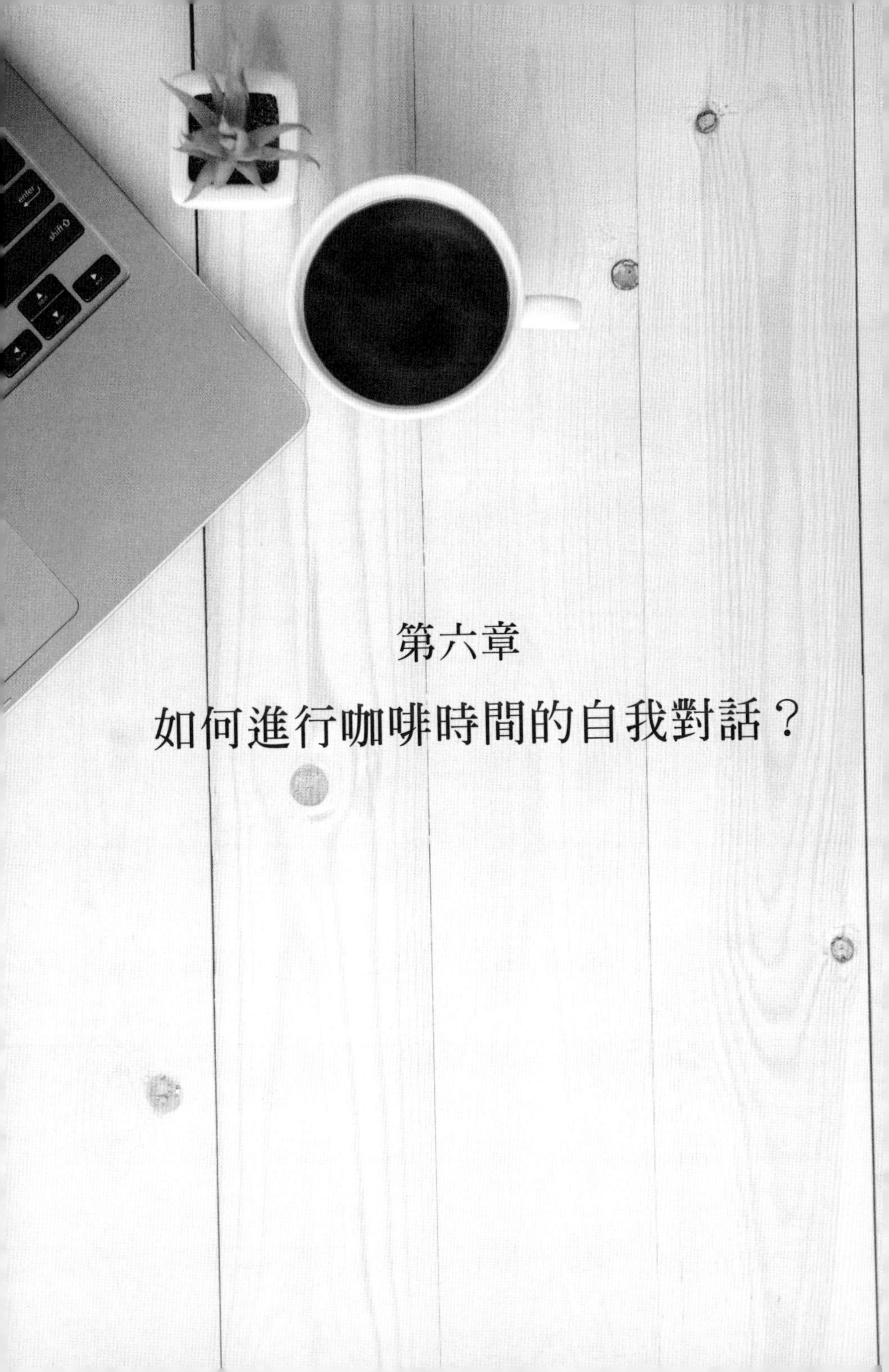

# 第六章

# 如何進行咖啡時間的自我對話？

你在上一章學到如何寫咖啡時間的自我對話腳本，這是方法的第一部分。現在該學習如何眞正進行自我對話。

## 成功關鍵：想法、心情要一致

讓自我對話成功最重要的方法之一，是提升說話時的感受。這極其關鍵，所以讓我們深入探討一下這個概念。

你在進行自我對話時說的話（或想的事）**是有力量的**，而且跟你在說這些話或想這些事時的**情緒愉悅程度成正比**。

讓我換個方式再說一次……

你說的話跟你的感受一樣重要，而你的感受也跟你說的話一樣重要。如果話語是花生醬，那麼感受就是果醬；如果話語是豌豆，那麼感受就是胡蘿蔔；如果話語是亨弗萊．鮑嘉（Humphrey Bogart），那麼感受就是洛琳．白考兒（Lauren Bacall，譯注：兩人爲明星夫妻）。一個巴掌拍不響。這是兩件事的結合，兩者缺一不可！

若從數學的角度來看就是：

**正向話語（你的想法）＋愉悅的情緒（你的感受）＝絕妙的經驗**

## 這究竟是什麼意思？

可以這樣想像。你可以說「我很棒」這句自我對話，但如果你在說這句話時**沒有愛、喜悅、感恩之類的愉悅情緒**，那麼這句話就沒什麼意義和效果。你大腦的不同區塊並不一致，所以無法快速重新連結回路或用同樣的力量或速度顯化結果。

在說自我對話時情緒低落或無感，保證只能得到七〇分。這無妨……就算只有話語，也絕對比什麼都不做要來得好，只是遠低於九〇分。想得到九〇分，得有相對應的愉悅情緒。如果你本來就在高分群，那麼當你的情緒和說的話一致，結果就會更快顯化。

**注意：對某些人來說，可能一開始能把話說出來就很不錯了。情緒對他們來說感覺太陌生或不切實際。如果是這種情況也沒關係，剛開始只要把話說出來就好！一遍又一遍重複精采的自我對話，即使你對這些話毫無感覺……這只是權宜之計，因為假以時日，你一定會有感覺的。我保證。**

說自我對話時伴隨著像「愛」這種振奮人心的情緒，會讓你心情很好，也會創造出特殊的能量。你感到無限、強大、自信、敬畏與感恩。這些感覺被稱爲**高頻能量**，能吸引相同能量的事物，例如你所能想像到生活中所有美好的事物。在說（或朗讀）咖啡時間的自我對話腳本時，同時感受這些愉悅的情緒，大腦就更能夠模擬生活在那種實相的狀態。

換句話說，咖啡時間的自我對話不能只是口頭上說說而已。沒錯，你可以只是一遍又一遍，不帶情緒地重複腳本內容。即使如此，你**也會**開始看見一些變化，最後心情也會變好。自我對話本來就有這種效果……你的大腦會慢慢開始重新連結回路。但是，如果每說一句話就停頓一下，在心裡、五臟六腑**感受**說這句話時的心情，彷彿你說的就是事實，那麼這種神經元連結的程度就會像綠巨人浩克一樣強大，你成功的速度也會快很多。

因爲這件事值得一提再提，所以我得再次重申：**就算你說的肯定句目前還不是事**

**實，也沒關係**。大腦是分不出差別的。在附帶情緒的情況下，大腦只會繼續重新連結回路，把這些路徑建造得更厚實、更穩固。情緒是大腦判斷「這件事很重要，我必須特別注意！」的方式。大腦的運作方式跟記憶編碼一樣，情緒愈強烈，記憶就越牢固。

我們來試一個例子。首先，像機器人一樣，不帶任何情緒朗讀以下句子：

「今天是我度過最棒的一天。」

現在，閉上眼睛，想像如果今天眞的是你這輩子過得最棒的一天，你會有什麼樣的感覺。要眞正感受，從頭頂一直延伸到腳趾。若有必要，花幾分鐘進入這個心境。然後，當你還在想像那天的精采程度時，用百分之百豐沛的情感說：

**「今天是我度過最棒的一天。」**

你能感覺到差異嗎？

當然可以！這是你的情緒在發揮作用！**這就是**一致性！想想看：你告訴情緒該做什麼，而它們也服從你的命令！你是老大，一直都是。你只需要運用本來就擁有的力量來影響那部分的心智。

現在，激發一些同樣有力量的情緒，聲音要有熱情，大聲地說：

「我過著很棒的生活，身邊到處都是機會。我做的每件事都很成功。成功的事接連發生。」

這種感覺很棒，對吧？

讓我們更進一步分析。對你來說，敬畏是什麼樣的感覺？感覺無限又是什麼樣的感覺？去體會那種感覺！如果你仍無法確定，那麼要怎麼樣才會有敬畏的感覺？也許是目睹嬰兒出生，或是站在山頂觀看日落，或是看見發光浮游生物群或極光！這些事物能讓你充滿敬畏嗎？若是，你就知道那是什麼樣的感覺。在你處理每一句自我對話時，在心裡觀想這個畫面。

你的目標是在說咖啡時間的自我對話時，感受一種愉悅的情緒。有許多振奮人心的情緒可供選擇：

- 愛
- 敬畏
- 靈感
- 喜悅
- 幸福
- 慷慨
- 豐盛

- 無限
- 勇氣
- 自信
- 感恩
- 興奮
- 快樂

……這份清單可以一直列下去。

感受到以上任何一種情緒，都會讓心情愉悅。在朗讀咖啡時間的自我對話時，可能會感受到其中任何一種情緒。不必每種情緒都感受到，只要是其中任何一種愉快的情緒，都有助於提振心情，用綠巨人浩克般的回路來改變大腦，讓人開心暢快。

再舉另一則例子：

我現在正在療癒，也很健康。我感覺完整！

感覺完整、充滿活力，會是什麼樣的感覺？想像那是什麼樣的感覺……去感受它……**抓住**它！你會感到精力充沛嗎？你會感到朝氣蓬勃嗎？你會覺得堅強嗎？你會覺得自己像獵豹一樣靈活嗎？把這些感受，和咖啡時間的自我對話的其中一句話連結起來。砰！你的想法，加上你的感覺，就創造了**全新的你**。

有個技巧能增強字詞背後的感覺和情緒：選擇**有效的字**。有力的字。有些字是提示或觸發器。這些字經過精挑細選，能把「嗯……隨便啦」變成**「哇！就是這樣」**！

再次重申，你感受到的情緒能讓一切更快發生。**去感受，並讓這種感覺成真！**

以下是能更誘發愉悅情緒的一些字詞。挑選最有感覺的字詞，加入咖啡時間的自我對話裡。

- 贊同的
- 驚人的
- 很棒的
- 發光的
- 有福的
- 幸福的

- 豐盛的
- 燦爛的
- 平靜的
- 有能力的
- 冷靜的
- 清晰的
- 自信的
- 巨大的
- 很酷的
- 有創意的
- 絕對地
- 愉快的
- 渴望的
- 容易的
- 狂喜的
- 賦能

- 第一
- 焦點
- 自由
- 好笑的
- 眞誠的
- 鮮明的
- 保證的
- 快樂
- 有幫助的
- 感到榮幸的
- 不可思議的
- 受到鼓舞的
- 立刻
- 高興的
- 歡笑的
- 輕盈的

- 有生氣的
- 明亮的
- 自然的
- 心胸開闊的
- 俏皮的
- 光亮的
- 反射的
- 放鬆的
- 了不起的
- 微笑的
- 精神飽滿的
- 隨興的
- 陽光普照的
- 精采的
- 振奮的
- 充滿活力的

‧精力充沛的

‧奇妙的

所以，你是否感到躍躍欲試？利用愉快的心情來增強能量，藉此增強咖啡時間的自我對話，讓你的夢想更快顯化。一天當中感受到這些愉悅情緒的時間愈長，就愈能把健康、幸福、成功、愛和財富等機會吸引到你面前。承認你內在的能力和力量的時候到了。

> 一個人整日的所思所想，造就了他這個人。
>
> ——拉爾夫‧沃爾多‧愛默生（Ralph Waldo Emerson）

# 第七章

# 克莉絲汀的咖啡時間自我對話

度。

在進一步探討之前，我想和你分享我的咖啡時間自我對話，讓你明白我做到什麼程度。

我之前提過，完成整個過程需要二十分鐘（如果趕時間就是五到十分鐘）。把句子說出來，再用振奮的情緒和感受消化這些句子，讓每句話滲入我的骨髓，在心裡產生共鳴，然後像太陽的光芒一樣向外發散。這是個美麗的過程，我就像聖誕樹一樣閃閃發光。用這種方式開始一天還算不錯吧？

本書並未收錄圖片或表情符號（但我常用到，下一章會再提到這件事）。你會在這一章讀到我使用的字詞，也會注意到有許多反覆出現的字詞。我是刻意這麼做的，因爲重複是讓大腦記住的另一種有效方式，會使神經元發射更多訊號，增強連結。有時我會用完全相同的方式說完全相同的事情，另外有些時候我會換另一種方式說。

再次重申：重複是很有效的，一定要重複。

好啦，閒話少說……歡迎來到我小小的內心世界。拉把椅子過來，好好享受吧。

# 克莉絲汀的咖啡時間自我對話

現在就開始吧……

我懷著愛和感激，祝福此時此刻在生命中的一切。我的生活充滿了驚奇和敬畏，我充滿力量。每天醒來，我都感覺到力量和快樂流淌在我的血管裡，爲我加油打氣，讓我創造出不可思議的一天。

我是值得的，我很堅強，我相信我有能力顯化我的夢想。

我永遠感激我的生命。我感激我的家人、舒適的床、美味的咖啡、我的鞋子、不虞匱乏的錢財、美妙的身體、健康的眼睛、強健的牙齒、美麗的自己，我的一切。

我喜歡在生活中……有能力設計自己想要的生活，我喜歡現在這種無論發生什麼事，心情都很好的感覺。我握有實現一切渴望的鑰匙。

**今天我歡迎生活中的什麼？**

我歡迎感恩。我歡迎在鏡子裡朝自己微笑和眨眼。我歡迎愛、健康、財富與豐盛。我心懷感激接受我設計的一切，因爲我值得。現在是我的身體最健康的時候。

今天的我可能達到最理想的狀態是什麼？有哪些新的可能性存在，是我能利用、探索的？看看這些可能性。

我正在正確的地方、正確的時間點，做正確的事。我世界裡的一切都在閃閃發光，都很美妙。

我是自己的英雄。世界上沒有任何一個人像我。我就是我，我愛我自己。我一直在學習、成長。我喜歡自己思考和感受的方式；我有能力設計自己想要的生活。

**我精力充沛，對生命充滿熱情！我躍躍欲試！這真是太棒了！**

我是天生的領袖和老師。我有不同的想法，做出不同的選擇。

我渡過了改變之河，已經無法回頭，因爲我是全新的克莉絲汀。飛呀，美麗的蝴蝶，飛吧！

我不會陷入負面的想法、句子或負面肯定句裡。我會立刻用令人振奮的能量扭轉它，每次這麼做的感覺都很棒。

我的生活充滿驚奇和敬畏，我很強大。

我很冷靜，因爲我有自信，對自己有把握。我值得內心渴望的一切。我的身體從頭到腳、從裡到外每個細胞都完好健康。我年輕漂亮。我的身體製造大量的膠原蛋白，肌膚散發年輕的光采。

我將有美好的未來，最好的方式是張開雙手，在未知中創造我的未來。要開始囉！

當我已經處於值得、興奮、完整、感恩、喜悅、愛、敬畏、慷慨、充滿力量的狀態，感覺就像我的渴望已經顯化了。這把我目前的感受，跟我所知的未來感受連結起來，我的身體相信這已經發生了。這份連結有助於更快顯化我想要的一切。

無論我被引導去做什麼事，都會成功。我經手的一切都會成功。我做的事一件接一件地成功，過程中也很開心。我應該得到最好的，我現在接受最好的。金錢得來容易！

金錢愛我！金錢愛我！金錢愛我！

我是個優秀的金錢管理者，我喜歡享受金錢，也喜歡與他人分享財富。

我感覺健康、強壯、完整、充滿活力。

我是愛、感激、喜悅、敬畏、興奮和慷慨。

我感覺自己有能力，我覺得幸福。

我感覺無限。我是創造者。

我激勵他人。我不吝惜稱讚我愛的人和陌生人。一句簡單的讚美就能改善一個人的一天，尤其是來自陌生人的讚美。我把善注入這個世界。我每天稱讚四個人，從自己開始，然後依序是家人、認識的朋友以外的人，和另一位陌生人。

我有同情心和魅力，我喜歡我的新生活。

我接受財富是我的這個實相。我知道我的大腦能力超強，想學的東西都能輕鬆學會，包括義大利語。我是個有創意的天才和多產的作家。我心懷感激地接受並歡迎充滿自由的精采人生！

「復命曰常，知常曰明。」

——老子

我受情緒激發而極度活躍的想像力，再加上信心十足的期待，爲我帶來豐沛的財富。

我出色的想法、創意和閃閃發光的富足源源不絕地出現。我有多種收入來源。我現在從已知和未知的來源接收屬於我的美好！我很有能力。

我感恩的心始終靠近宇宙財富和豐盛的創造力。我感激美好的生活。

我看著周遭的世界，感覺到明亮和健康的光與能量，充滿樂觀與同情心的世界。我散播喜悅。

今天和每一個明天，到處都充滿了美好的事物。

**無論走到哪裡，大門都為我敞開**。機會包圍著我，我歡迎機會到來。

我是值得的，我願意接受。我感覺健康、強壯、完整、充滿活力。

當我引導潛意識去相信健康、財富和豐盛都是我的，一直在我生命中流通，我就會一直擁有這些事物，無論它們以何種形式展現。沒有什麼是我無法成爲、做到或擁有的。我是振動。我是電。我創造我的未來。

**財富、健康和豐盛都是我的**。它們一直在我身邊，在我的生命中流通。我是值得的，我們全都是！

我什麼事都能做到。我努力追尋，最後也得到了！我感到無比幸福，我全力以赴，潛力無窮！

我的精力源源不絕，所以我充滿活力！我活力四射！

我頭腦清晰，每天的思緒都很清楚。我愛我自己。

**我是值得的，我是值得的，我是值得的**。我應該得到生命中最好的事物。

我是個天才，擁有豐富的創意。

我很棒，我很可愛，我肯定我自己。

象限之間的大門對我敞開，方便我體驗神祕的事物。共時性一直出現在我的生活中。

**我的身體充滿活力和力量**。我充滿振奮人心的能量、健康和愛，生活中吸引來想要的一切。我感覺年輕、快樂，我想像我的青春基因正在表現自己。我愛我自己，一直都愛。我快樂平靜。我的身體表現出長壽基因。

我每天都感覺自己被深愛著。我值得卓越、愛和活力。我是完整的。我擁有大量的時間、精力和協助。

我的身體每天都感覺更年輕。我每天都覺得很快樂。我的免疫系統強大有效。

我的療癒能量擴散到其他人身上。

我和身邊的一切都有力量。

我的心智和大腦**能高度聚焦，我的記憶力很好**。

**我為每個人的成功感到歡欣**。我希望其他人好運。這麼做的同時，我也把好運吸引到自己身上。所有人都是一體的。

我正在追尋的事物也在尋找我。我是強大的磁鐵，吸引給予我富足振動與電磁頻率的一切。我感覺現在有一股平靜的浪潮湧上心頭。

**我有翅膀**。我感覺自由、輕盈、平靜、耐心、活力充沛、放鬆。我很健康、強壯、快樂、充滿活力。我願意接受。

我相信我自己。

信不信由你，這甚至不是我每天咖啡時間自我對話的完整內容。想像有許多表情符號和強大的圖像同時出現（見第八章）。當我修改字詞，增加整天都在思考的新句子時，版本也會改變。

我也發現有些內容已永遠銘記在大腦裡，因此不再需要保留在腳本裡。這些內容已經內化，所以不再需要重複。這表示我可以用新的內容取代。

有時我也會爲了想把東西混在一起而加以變化。無論是生活的哪個層面，一遍又一遍重複同樣的事物，都會變得很無趣。加入變化能保持新鮮感，無論是某天新增一張圖片或另一天重組字詞。只要內容持續新奇有趣，大腦就會更加注意。

在本書後續章節（第二部），我會提供更多咖啡時間的自我對話腳本，以供你在剛開始時使用，或啓發你寫出自己的腳本。

不過，在更深入探討之前，我想先分享另一則故事，然後我們會檢視幾項強化咖啡時間的自我對話，將其提升到另一個層次，並融入到生活其他層面的技巧。

# 咖啡時間的自我對話如何使我成爲愛情小說家？

我想分享的故事，是關於咖啡時間的自我對話對我的人生有何具體幫助。從剛開始使用這個方法的第一天起，我的人生便開始有所改善。我更快樂、更有活力、精神更飽滿，生活也變得更輕鬆、更愉快。這個方法讓我有自信，感覺自己很美，也激勵我採取行動，把我在腳本裡寫下跟身體健康有關的內容付諸實行。

但腳本裡還寫了另外一件事。坦白說，當時我並不知道那件事將如何或可能如何發展。但在那之前，自我對話已在我身上展現神奇的效果，於是我心想：管他的，嘗試看看，反正也沒什麼好損失的。

我創作了一整份跟成爲小說家有關的腳本。我之前寫過不少非小說類作品，但小說對我來說是個奇怪又神祕的領域。那幾年我甚至沒讀過幾本小說。跟故事創作能力有關的自我對話內容糟透了。我從不認爲自己是「會講故事的人」，也從未想過有能力做這件事。那是其他人做的事，例如高中時總是隨身攜帶筆記本、隨時把想法記下來的獨來獨往的男生。不是我。

當然，一旦開始進行自我對話，我便明白我對自己寫小說能力的信念本身……就是

**一部小說**！純屬虛構。這些信念從何而來？誰知道呢，反正也不重要。改變這些信念的時候到了。

於是，我開始把跟成爲作家有關的句子，收錄在每日咖啡時間的自我對話裡。把這些句子加入我本來就很喜歡、也很相信的自我對話腳本裡，讓我能偷偷加入幾行關於之前認爲自己在那方面**毫無天分**的主題。見鬼了，我甚至不知該從何寫起。

我加入幾行像這樣的句子：

> 我是個多產的作家，我是個有創意的天才，滿腦子都是故事，寫小說對我來說輕而易舉。

就這樣。我加入幾行像這樣的句子，然後日復一日、每天早上進行朗讀咖啡時間自我對話的慣例。

你知道嗎？我們因爲新冠肺炎疫情被困在亞利桑納州自我隔離的那段期間，有一天，我坐在媽媽的後院裡，寫故事的靈感彷彿從天而降，突然湧現，令人始料未及。**哇，太令人驚訝了**。我甚至還回頭看是不是有什麼東西把這靈感放進我的腦子裡，因爲怎麼可能是我呢？我怎麼會有寫故事的靈感呢？

而且不知從何而來。

或者……是這樣嗎？

問題：所有創意的源頭是什麼？

解答：潛意識！

是啊，我**當然**不知道這靈感從何而來。這不就是潛意識眞正的含意嗎？

但是，潛意識是從哪裡得知可以產生故事的靈感？

解答：來自我們寫的程式。在我的例子中，則是我的自我對話。這就是爲什麼我活到四十幾歲，在進行跟寫小說有關的自我對話之前，這種事從未發生在我身上的唯一解釋。整整四十多年沒有任何故事靈感，一個都沒有。

然後我開始告訴自己，我有許多故事靈感。突然間，靈感不知從哪裡冒出來，開始湧現。

我驚訝極了。雖然我相信自我對話的力量，但也得承認，我轉變的速度和這件事的清晰度好得令人難以置信，簡直就像**變魔術**。

但這並不是絕無僅有的單一事件，類似事件不斷發生。我帶著那個故事陷入有如《愛麗絲夢遊仙境》兔子洞的情境，然後腦海裡便開始湧現場景！

可想而知，現在這種情況定期發生，而我也不再爲此感到驚訝。我開始預期隨時會有來自虛空中的故事靈感。現在，當故事或場景的靈感出現時，我的反應是說增強性的自我對話：**「太棒了，這就對了，你酷斃了！」**

所以，我的自我對話給了我之前從未夢想過能擁有的一份天賦、一種技能。我現在絕不會說例如「我從沒想過自己能夠」之類的話，只是爲了講述這個故事才重複這些話。了解自己的舊思維是很重要的。

接下來快轉到六個月後。截至本書撰寫爲止，我在五個月內，以布麗莎·史塔爾（Brisa Starr）的筆名寫了六本愛情小說，也就是在寫作階段（不是編輯階段）每天寫大約六千字，而且還擬了一份跟我的手臂一樣長的未來小說想法清單。

所以，原本從未寫過跟小說相關的任何文字的我，卻在四十多歲時突然文思泉湧，這一切創意從何而來？

你已經知道答案了。這份創意來自我的自我對話。

這個突破好比爲我打開了一道閘門。一旦意識到某個故事是出自我自己的大腦，就表示「嘿，這其實是有可能的」。就像羅傑·班尼斯特（Roger Bannister）在一九五四年打破一英里跑四分鐘的紀錄（之前所有人都認爲這是一項不可能達成的創舉），才過了四十六天，就有人打破他的紀錄。

換句話說，一旦我知道某件事是有可能的，**它就一定是有可能的**。

在第一個故事的靈感出現後幾天的某個夜裡，我無法入睡，腦海中充斥著靈感！光是想到和現在跟你分享這件事，都讓我想哭。我本來以爲我根本不會寫故事，結果現在卻眞的有能力做這件事！

這一切都是因爲我的自我對話。我改變了大腦的回路，而且光是告訴自己：「我是個多產的作家，我是個有創意的天才。」一遍一遍又一遍，這件事就成眞了。

好了，接下來好事便接連發生。我創作了一整份**作家的自我對話腳本**，把它寫在一張有七彩顏色的大索引卡上，然後錄下自己朗讀的聲音，同時播放美妙的背景音樂。我幾乎天天聽，一聽就是好幾個月，而且持續至今。

## 我的咖啡時間自我對話作家版腳本

我是個多產的作家，一年寫十本書。

我喜歡我的大腦。我的大腦強壯、健康、充滿力量。

我有韌性。
我是個美麗又有創意的天才。
我滿腦子都是故事。
我很勇敢。
我很期待每天早上醒來，這樣就可以寫小說了。
我愛我的生活，我的生活也愛我。
我很專注。
我活在更高層次的心智狀態中。
我的心中滿是喜悅和興奮。
我的大腦充滿敬畏。
未來成爲暢銷作家，是我的願景，也是我的生活重心。
小說的文字和場景正從我心中湧出。
我喜歡我的生活，也喜歡我的故事。
我寫小說寫得很開心。
寫小說是我與生俱來的天賦。
我是個暢銷作家。

我每天寫五千到七千字。
看我大展身手！
我是個快樂性感的百萬富翁。
我是個了不起的作家。
寫作令人興奮，我是個說書人。
寫小說對我來說既簡單又有趣。
我用數位錄音機輕鬆口述書籍內容。
我用愛祝福我的筆電。它每天都爲我帶來財富。
我愛我自己。一切都好得不得了。

這是最初的版本。我把這些文字打在這裡供你閱讀的同時，也正看著擺在書桌上，寫了這些文字的大索引卡，邊看邊朗讀。

不久自我對話的內容會變得更具體，因爲我有了新的目標：寫奇幻小說。我目前寫的是煽情的愛情小說，也很喜歡寫，但我決定跨足其他類型。猜猜看發生什麼事？

**記住，我並沒有真正對自己說以下的話，但負面的程式會設法悄悄潛入……**

「可是，克莉絲汀，你對寫奇幻故事一竅不通。你究竟要如何創造那些史詩級的世界、人物角色和故事情節？還有戰爭、精靈、怪物、魔法之類的鬼話？」

哇哈哈！我在這些膽敢闖入腦海的懦弱想法面前放聲大笑。

我當然能寫奇幻故事！只是是否做好準備而已。我不知道結果將於何時顯化，但我確實知道如何用咖啡時間的自我對話開始這個過程。所以，在上述作家版的自我對話腳本裡，我新增了這類句子：

我是奇幻小說暢銷作家。

奇幻小說的文字和場景正從我心中湧現。

我創作史詩級、神祕、令人驚奇的奇幻世界！

就這麼簡單。

# 第八章

# 增強咖啡時間自我對話的方法

你已經熟悉咖啡時間自我對話的基本概念，現在該來看看你能把這艘火箭太空船開到自己設計的未來多遠處。讓我們使用能增強咖啡時間自我對話體驗的方法，讓事情提升到另一個層次。

爲了達到最大的亮光、光澤和最佳的明亮度，我通常每一項都會使用。

## ❶ 使用圖像

大腦喜歡圖像。

把圖片添加到腳本裡，可讓咖啡時間的自我對話效果更加顯著。這麼做能讓大腦的更多區域發射訊號，有助於**更強烈**地感受到令人愉悅的情緒。

大腦喜歡圖像，因爲圖像比文字更難忘記。這就是爲什麼記憶專家說，想容易記住事情，關鍵是使用心像。圖像能讓你在一天當中更容易記得自我對話的內容，因爲它們會深深烙印在腦中。做這件事時，可使用網路圖片、自己拍攝的照片，甚至是畫在紙上的鉛筆素描或塗鴉。把它想成是「咖啡時間的自我對話遇見繽趣（編注：繽趣，Pinterest，網路與手機應用程式，可讓使用者利用其平臺作爲個人創意及專案工作的視覺探索工具；也被當作圖片分享類的社群網站，使用者可以按主題分類添加和管理圖片收藏，與好友分享。）或「咖啡時間的自我對話遇見願景板」。圖像能增強大腦回路重新連結的過程。

如果你願意，每句話都可以搭配圖像使用，或只是偶爾用來特別強調。圖片可與句子直接相關，但不見得非這樣不可。最重要的是，圖片能觸發你正試著體驗的振奮情緒。

例如，如果腳本的主題是「我今天過得很棒！」，你可以在這句話後面立刻加上一張圖片。只要從網路上選取任何一張你喜歡的圖庫圖片，可以是海洋、山脈、動物或藝術圖片。任何能在你心裡激發敬畏情緒的圖片都行。

我的咖啡時間自我對話有許多從網路上擷取的自我激勵圖片。看到這些圖片時，我會感覺額外的力量在血管裡流淌。這些圖片讓我更振奮，也放大了我的感受。例如，我有一部分的腳本跟新的自我有關，內容是這樣的：

> 我是個新造的人。我看著我的眼睛，看到其他人所看見的。我放棄舊有的身分，正過著自己設計的全新、神奇的人生。勇敢，興奮，心懷敬畏，愛上生活。耐心，善良，閃閃發光的黃金。

然後，在這句話後面是一張浴火鳳凰從灰燼中升起、蛻變的圖片。

若想感覺健康、完整，就要加入一張能讓你**感覺**健康、完整的圖片。也許是一張健康食品的圖片，或有人在運動的圖片，或和狗在沙灘上奔跑的圖片。也或許是一張彩色脈輪能量中心的插圖。重點是，要找到你喜歡，也能感到愉悅情緒的圖片。在咖啡時間的自我對話時，全程加入這些圖片，可激發並強化這些振奮的感覺。

在咖啡時間的自我對話時看見這些圖像，就像溫習一塊活生生、會呼吸、有動力的願景板。在自我對話中添加圖片和強調，並在看到圖片時大聲朗讀對話內容，你的夢想就會更快顯化，而且幾乎可以立刻感覺到。

效果就是這麼強大！

## ❷ 表情符號

另一個有趣又能快速增強咖啡時間自我對話效果的方法，是使用表情符號。我的腳本頁面上就畫滿了表情符號。我喜歡彩虹、算命師的水晶球、各種顏色的愛心、微笑、太陽、月亮、星星、二頭肌、舞蹈、咖啡（這還用說嗎？）、錢包、飛機、沙灘/島嶼、蝴蝶（而且正在蛻變中！）等等。發揮創意！這是個有趣又有意義的過程，你會發現自己隨著時間增加這些符號。設計這些符號帶有輕鬆俏皮的意味，能在不知不覺中影響你的情緒，而這就是我們追求的效果。

## ❸ 字型、底線、斜體和粗體

爲了強調某些詞彙，我會在字下方畫底線、使用粗體或斜體，或兩者合併使用。我會把某些句子置中排列，其他句子靠右對齊，也會改變文字間距以增加視覺的多樣性，還會在手機的應用程式裡輸入自己塗鴉的小圖案。以上都能讓自我對話和情緒產生更強烈的共鳴，更吸引注意，而且非常有趣。

## ❹ 優化咖啡時間自我對話的環境

環境可創造或破壞咖啡時間自我對話的體驗。最好在舒適、能啓發靈感，且姿勢良好的實體空間裡進行。不要懶洋洋的！據研究，姿勢良好的筆直坐姿能提高能量並降低壓力，讓人感覺更快樂。話雖如此，如果躺在舒適的大沙發上讓你特別開心，那麼，只要是能提高幸福感，想怎麼做都行。

環顧你的廚房、辦公室或客廳，找找有什麼看起來還不錯的地方。如果沒有特別吸引你的場所，就趁這次機會爲這個特定用途安排一個空間。我通常是在廚房的休息區進行咖啡時間的自我對話，有時會在客廳的沙發上。到亞利桑納州探望我媽時，我會早上到屋外，在她住處的露臺（這是我進行咖啡時間的自我對話最喜歡的場所之一）永遠明亮的藍天下做這件事。

刻意挑選環境，就能塑造環境來放大你的體驗、情緒和感受。這對咖啡時間的自我對話超級重要，因爲這麼做能讓整個過程更刻意，進而提高影響力和效果。你要喜歡你所在的空間，因爲它能使你心情愉快，讓你每天都有動力堅持這項習慣。每次使用相同的空間也能觸發你的最佳狀態，就像咖啡一樣。

話雖如此，如果無法每天都在同一個理想的場所進行，也別擔心，在哪裡做都行。

進行咖啡時間的自我對話時，決定環境整體性的還有許多其他因素。你的喜好可能會改變，但通常我在類似水療館（spa）的環境感覺最有自信，心情也最愉快。不是因爲我喜歡水療（但我確實喜歡），而是因爲水療經過數十年不斷摸索，已營造出能讓人感到放鬆的環境。以下是在改善環境時需要考慮的一些項目：

- **自然採光**——自然採光最好，因爲咖啡時間的自我對話是一項早晨的儀式。陽光能幫助你清醒、集中注意力，也能讓你心情愉快。
- **任何種類的自然環境**——戶外場所、新鮮空氣、微風、植物。
- **水的特色**——沒什麼比潺潺溪流聲更能開發內在能量。即使是電腦桌面的噴泉，也能對靈魂產生意想不到的效果（要一整天連續播放，而不是只在咖啡時間的自我對話時播放）。確切地說，根據《藍色意識》（*Blue Mind*）作者、海洋生物學家華勒斯·尼可斯（Wallas J. Nichols）的說法，「藍色意識」一詞是指當人在水附近、水裡、水面上或水面下時，所感受到一種微靜心的狀態。

- **令人愉悅的香氣**——咖啡（！）、剛出爐的麵包、鮮花、薰香、精油……任何你喜歡的香味。
- **聲音**——水聲（再次提到）、風鈴聲、鳥鳴聲、音樂聲（接下來會再提及）。
- **免於分心**——關掉電視，手機設爲飛航模式，告訴家裡的每個人不要打擾你。

### ❺ 大聲說出來

有些人選擇在心裡默念自我對話。有時或許只能這樣做，比如身處擁擠的公共空間時。話雖如此，還是要盡可能把自我對話大聲說出來！

大聲說出自我對話時，注意力會更集中，思緒也較不容易飄移。這麼做也使用了三個模組：用眼睛讀、用嘴巴說、用耳朵聽。這表示若從大腦內部的活躍度研判，大聲朗讀的效果約爲在心裡默念的三倍。

默念時，通常思緒可能會飄移，例如想到待辦事項清單、前一天晚上的睡眠狀況或晚餐要煮什麼。在自我對話時，透過讀、說、聽三管齊下，能讓注意力像雷射一樣集中，因此更容易記住這些字句，也讓字句更有意義。說出來也能讓這些字句進入潛意識，更快發揮效力，有助於連結更深層的情緒反應。

我已多次表明，就算還不相信從自己口中說出來的那些話，也沒關係。你完全可以**假裝到成真為止**，因爲這麼做眞的有用。拳王阿里就是以這麼做而聞名。他曾說：「要成爲偉大的冠軍，必須相信你是最棒的。就算不是，也要假裝是。」

就算是裝的，發射、連結也仍在進行，因爲大腦無法分辨想像出來的事跟眞正發生的事之間的差異。可以把這麼做想成是**「為成功預演」**，不久，假裝的事就會成眞。

你可能會懷疑，難道大腦眞的無法分辨說的話和事實之間的差異嗎？我的意思是，一部分的你知道……當然是正在說話的那個你。但正在連結新的神經回路那部分的大腦，並不知道兩者之間的差異，它只負責連結神經元。這就是爲什麼，比如說，單憑想像即可提高血壓、分泌皮質醇。你可以一遍又一遍告訴自己你很快樂，在腦子裡裝滿和快樂的事件有關的想法和影像，這樣大腦就會相信你很快樂。

如果無論如何就是無法大聲說出你的自我對話，至少要動嘴默念，這麼做的效果，好過只在心裡默念。再不行，至少在做這件事時要端正姿勢。相信我，這樣就會有用。立正站好，**刻意**說出這些話，你的大腦就會注意到。（現在做個小實驗，試著這樣做做看，你就會明白我在說什麼！）

> 像是旁若無人般翩然起舞。
>
> ——威廉・柏奇（William W. Purkey）

## ❻ 在咖啡時間的自我對話中添加活力

爲了加強效果，在進行咖啡時間的自我對話期間要非常有活力。眞正強調每個字，並在句子之間大喊大叫——耶！——能增強情緒狀態。

在自我對話中加入愈多動作和強調，心智和身體就會覺得這個自我對話愈好、愈可信。所以，展現你的熱情吧！釋放隱藏在內心的梅莉・史翠普或勞勃・迪尼洛。寶貝，行動吧！眞正地投入，能讓這些肯定的自我對話更快在大腦刻畫出更深刻的痕跡。

身體會回應你的話語。如果再飆幾句華麗的粗話，加上活力和強調，身體的反應會更強烈。

更好的做法是，偶爾站起來，擺出「力量姿勢」說自我對話，就像神力女超人那樣！事實證明，力量姿勢可增加自信、減少壓力，所以要善用這些姿勢。

覺得擺這些姿勢很蠢嗎？沒關係，做就對了。要是你願意，就拿這件事開玩笑，愈誇張愈好。這裡有個不錯的姿勢：雙手放在臀部，眼睛直視前方，露出會心的微笑。（你知道這個姿勢，會心的微笑表示你知道祕密、力量和答案。）

**沒錯！大家動起來吧！**

## ❼加上配樂，把自我對話變成電影

> 沒有音樂的人生將是一場錯誤。
>
> ——尼采

咖啡時間的自我對話下一階段的厲害招數，是加入效果強大的音樂。可以在大聲朗讀自我對話時播放背景音樂，也可以加入自己念的（或買的）自我對話錄音。

在朗讀咖啡時間的自我對話時加入音樂，能放大並強化你想創造的感覺。音樂能引發強烈的情緒反應，也是減輕壓力、轉換心情、改變狀態最好、最簡單的方式之一。一般相信，令人愉悅的音樂能促進神經傳導物質多巴胺分泌，而多巴胺被稱爲「獎賞」神經傳導物質。因此，可將咖啡時間的自我對話和令人愉悅的音樂結合，訓練自己**想**做這件事，因爲每次聽到這個音樂，就會分泌多巴胺，而大腦也會開始把咖啡時間的自我對話，跟得到這個獎賞聯想在一起。

我之前提過，在朗讀咖啡時間的自我對話時，感受是很重要的，而提升情緒狀態，有個簡單的方法是，在詳讀自我對話的內容時聆聽振奮人心的音樂。電影之所以會搭配原聲帶和配樂，是有原因的。音樂能激發電影觀眾的情緒。想像你最喜歡的一部戲劇或劇情緊張刺激的暑假賣座鉅片，再想想沒有音樂的話會是什麼樣子！那部電影將不那麼感人，也不那麼令人難忘。添加振奮人心的音樂，不只能將咖啡時間的自我對話提升到另一個層次，也能讓你更樂在其中！

播放的音樂也影響了大腦。科學家還不知道個中原因，但音樂的影響力之所以如此強大的部分原因，似乎是音樂動用到大腦的許多部位，因而觸發連結並建立關聯性。如果在朗讀（或吟唱！）咖啡時間的自我對話時，反覆聆聽同一首歌，就會把音樂錨定在那些字句上。之後每當聽到那首歌，腦中就會充滿效果強大的咖啡時間的自我對話。（更準確地說，**加入自我對話編碼的心智狀態，將被載入大腦裡。**）

翻閱你最喜歡的歌單，找出能提振精神、啓發心靈、觸動情緒，讓你感覺有力量、有活力的一首歌。之後反覆播放這首歌，邊聽邊朗讀咖啡時間的自我對話。也可以把好幾首歌彙整在一起，製作「咖啡時間的自我對話」歌單。我喜歡歌單的想法，因爲較有變化性，但我發現，一遍又一遍反覆播放同一首歌的效果最好，因爲這樣能非常牢固地錨定那首歌。我更換歌曲的時間，可能是在幾個月後，甚至一年後，或是在展開人生的新篇章時。

專業建議：選擇一首**沒有歌詞**的歌曲，如此一來，在朗讀咖啡時間的自我對話時，才不會被歌詞分散注意力。我發現有些電影配樂很適合這個用途，因爲它們具有完美的史詩、戲劇和電影感。

將音樂和咖啡時間的自我對話結合，有另一個有趣的層面：這麼做能有效刺激情緒，改變跟時間的關係。你是否曾注意到在聆聽喜歡的內容時，時間過得很快？或者當音樂停止時，時間也停住了，彷彿暫時進入另一個現實，然後又回到這個現實世界？或者音樂如何讓你陷入一種永恆、近乎催眠的恍惚狀態？

數十年來，神經科學家和藝術家一直在設法讓大腦處於阿法波狀態（八到十二赫茲），以達到放鬆、觀想、發揮創意、促進學習的狀態。數千年來，靜心者也是如此。我的直覺和個人經驗告訴我，在朗讀自我對話時進入這種改變的狀態（altered state），能發揮極大的效果。這種狀態也令人愉悅，因此更有可能每天這麼做。

我最近把 Dreaming Cooper 的歌曲〈液流〉（*Liquid Flow*，可在 YouTube 上找到）錨定爲每日咖啡時間自我對話的主題歌。這首歌具有未來感和令人放鬆的電子氛圍，沒有眞正的旋律。也就是說，它的音樂營造了一種強大、獨特的感受，卻未企圖訴說任何故事。這正是我要的。現在每當我聽到這首曲子，就會不由自主立刻想到和感覺到我在咖啡時間的自我對話時，反覆灌輸到大腦裡的一切。眞是太棒了！

這首曲子在我的一天當中出現多少次？

正好五次。

爲什麼是五次？這就是接下來要討論的訣竅……我的**百萬富翁時刻**。

## ❽ 我的百萬富翁時刻

我發明了一個效果強大的技巧，叫作**百萬富翁時刻**。它是我手機上的鬧鈴，會在一天當中的某些時段播放特定的音樂。它觸發了快樂性感百萬富翁的**狀態**，也就是跟顯化快樂性感百萬富翁的自我有關的想法、感受和一般的思考模式。

那是一種很神奇的狀態，而我整天都置身其中——可以這樣說啦，因爲有些時刻的感受比其他時刻更強烈。有時，例如洗衣、繳費或購買雜貨等乏味的生活瑣事會讓我暫時忘記了自己那偉大、閃亮、金色的使命。

然後，突然間，我的百萬富翁時刻鬧鈴響了！

接下來就……砰！

一聽到那首曲子的開場樂，我就立刻進入任何魔法都會發生的心理空間。

我會立刻停下手邊做的任何事（除非情況不允許），閉上眼睛，坐直身體（或站直），深呼吸，讓那種感覺瀰漫全身。這很神奇。如果不重要的事情已經分散了我的注意力，每次聽見鬧鈴聲都能讓我重回正軌。我會在這種微恍惚的狀態中保持不動約十到六十秒，然後關掉鬧鈴，繼續做該做的事，但心情變愉快了，看事情的角度也煥然一新。

而且這件事一天**發生五次**！

我把手機上的鬧鈴設定為每天早上十點、中午十二點、下午兩點、下午四點和晚上六點各響一次，並設定在這幾個指定的時間播放〈液流〉。

這有什麼作用？是這樣的，我之前提過，我把那首歌錨定成心情愉快的感覺，因為我總是在朗讀咖啡時間的自我對話時聽這首歌。只要鬧鈴一響，我就會想起感覺像一百萬美元、效果強大的咖啡時間自我對話。鬧鈴聲讓我想起每天的正面想法、採取的每一個行動，以及對工作投入的努力與熱情，都是為了顯化這件事。這個提醒將我的大腦設定為心情愉悅和振奮，讓我進入正在用咖啡時間的自我對話顯化的生活。

家人很清楚我的百萬富翁時刻儀式。確切地說，現在當鬧鈴聲響起，全家人其實都會一起加入，在感覺心情像閃閃發光的黃金時，讓音樂聲圍繞著我們。鬧鈴響時，我先生未必跟我在同一個房間裡，所以他可能一天只聽到兩、三次。雖然他還沒把〈液流〉

和自我對話連結在一起，但他表示，這個音樂讓他「重啓」，而且每次都能產生更聚焦、更有自信的精神狀態。這個音樂聲經常提醒我們要每天過著精采絕倫的生活。

## ❾ 錄製咖啡時間的自我對話

成爲超級巨星的下一個步驟，是錄製你的自我對話，以及……**聽好了**……同時在背景播放你選的歌曲！我的天，這眞是太有趣、太棒了。把自我對話錄下來之後，現在任何時候想聽都可以，例如步行到商店、開車、早上準備、在健身房運動、洗碗、煮晚餐或準備上床睡覺前。

見鬼了，我在咖啡時間的自我對話時最喜歡的方式之一，是手裡拿著咖啡杯，戴著耳機在廚房和客廳裡走來走去，耳邊聽著我錄製的自我對話。這是一種三重的習慣堆疊：

### 咖啡＋自我對話＋走路

這麼做將發揮潛在的強大作用，讓自我對話更有效。

首先，走路時的重複動作會在身體觸發美妙的放鬆反應，壓力頓時消散，同時心情變愉快，活力也提升了。

記住，愉快的感覺和振奮的情緒，是使自我對話和夢想更快顯化的關鍵要素。走路時左右對稱的運動對大腦有顯著的好處。除此之外呢？那天還多走了好幾步！若想增加強度，可以學我偶爾這樣做：喝咖啡，聆聽、朗讀咖啡時間的自我對話，同時……邊走邊做弓箭步下蹲。

我知道我們沒時間每天早上都坐下來朗讀咖啡時間的自我對話。把內容錄下來，就可以在趕時間、把咖啡帶在路上喝的時候聆聽，享用自我對話的好處。或者，如果盡全力去做，表示你可以一天體驗一次以上改變人生的自我對話。你可以跟平常一樣，早上坐下來，邊喝咖啡邊朗讀你的自我對話。然後在料理晚餐或洗碗時，再次播放自我對話的內容當背景音樂。

剛開始聽見自己錄製的聲音可能會有點不習慣，這很正常，過一陣子就好了。就像換了新髮型後照鏡子看自己，也很不習慣。但一開始看起來非常不熟悉的事物，不久就會變成根本不會注意到的東西。聽自己的聲音也是如此。這個適應階段值得經歷，因爲聽自己錄的自我對話效果非常好！

聽自己的聲音（尤其一旦聽習慣了），不加以評判，它就會像腦海中的內在對話一樣播放，好比「你」正在告訴「自己」情況如何。你想到自我對話的方式，正是人類的思考方式！我們是透過不斷跟自己對話的方式在思考，其中大多是在心裡進行。「我今天要穿什麼？嗯，我喜歡這件襯衫，但兩天前已經穿過了」等等。

人類的大腦由幾個系統構成，每個系統都有自己的「個性」。例如，「理智」腦相對於「感覺」腦等等。或者部分的你想減掉五公斤，相對於部分的你認爲多一片餅乾也不礙事。我喜歡把錄製的自我對話想成是我的「高我」，也就是知道從長遠來看什麼對我最好那部分的大腦，而我信任我的高我。這個聲音有一種權威性。它是一種力量，而且出自於自己！

咖啡時間的自我對話在遭遇困境時特別有用。確切地說，我是在二〇二〇年後新冠疫情期間寫這本書，在持續的恐懼氛圍和新聞報導中，我極度依賴自己錄製的咖啡時間自我對話來保持振奮、健康和自信。如果感覺快受不了了，這時我最喜歡做的事，就是在打掃、工作、煮飯或在屋內走動時，戴上無線耳機，播放錄製的咖啡時間自我對話當背景音樂。

**以下是我錄製咖啡時間自我對話的方式：**

沒什麼花俏的做法……也沒有專業的錄音設備。錄製內容只有我一個人聽，所以不必做得盡善盡美。

我之前提過，我是用 iPhone 手機的 Notes 應用程式輸入我的咖啡時間自我對話。這非常方便，因爲我隨身攜帶手機，只要一有想法或靈感來襲，就能立刻加入自我對話腳本並進行編輯。我還有一臺 iPad，可以在雲端和 Notes 同步，因此可用 iPad 打開咖啡時間的自我對話，然後看著 iPad 朗讀。朗讀時，我也會用 iPad 播放〈液流〉的音樂，然後打開 iPhone 內建的聲音備忘錄應用程式，不過任何錄音應用程式都可以。

接下來，我會看著 iPad 大聲朗讀，用手機錄製咖啡時間自我對話，同時用 iPad 播放背景音樂。最後的結果是，我的聲音和音樂結合得還不錯。這樣錄製的音質無法贏得任何一項奧斯卡獎，但已經夠好到可改寫大腦程式，活出美妙的人生！

如果你沒有多的平板設備可以看著朗讀，也可以看著電腦上的自我對話朗讀，或把內容列印在紙上。音樂並非必要，但加了效果更好，樂趣也更多！

也可以只是把腳本寫在紙上，再看著上頭的內容錄音。

大多時候，我一天會聽錄製的自我對話一次。有時如果感覺精力格外充沛，我就會幾乎一整天無止境地循環播放，邊做事邊戴著耳機聽。這樣眞是太棒了！

## ⑩ 咖啡時間的自我對話日曆提醒

白天很容易迷失。只要一忙、一分心，就容易變得懶惰、健忘。對治這種情況的訣竅是，從咖啡時間的自我對話中擷取一句話，把那句話複製並貼在手機的日曆上，設定成每天出現。然後每天忙於生活時，會突然在日曆上看見自我對話。這是個讓你想起自己很棒的小提醒。這個方法眞的很有效，又這麼簡單，簡單到我想到都會笑。

我們都會因爲日常生活而分心，也會偶爾忘了思考自己的目標和抱負。或者即使記得，也忘了要**一直朝目標邁進**。或者有時候，我們任由情緒支配，而不是掌控情緒。我們忘了要心情愉快，所以需要有東西來提醒，隨時保持心情愉快是有可能的，或至少九五％的時間是如此。用自我對話的內容來提醒自己，是最理想的做法。

有時我會把以下自我對話設成每天提醒自己的內容：

我是個善良、體貼的媽媽。

你可能會覺得當媽的人不必提醒自己這件事——但是，好啦，我發現這能幫助我想起這件事。看到這句話，我就會提醒自己要在女兒問我事情或要我多抱抱她時，給她百分之百的注意力。

有時我會換成以下句子：

我是個有力量、有魅力的女人。

我告訴你……光是看見這句話的那一刻，我就有了優勢，行為也會立刻改變。

設置這些提醒的訣竅是：**選擇簡潔有力的句子**。日曆上需要出現完整的句子，但日曆空間有限，只能顯示幾個字。如果找到一句能眞正引起你共鳴的句子，就持續使用一段時間。有時我會設定同一句話重複兩週，最後這句話會進入潛意識，再也不需要提醒，之後就換成新的句子。

其他時候，我會選擇每天一小段話，然後只要點選「每週」重複，就能每週輪流瀏覽七個不同的短句。這個小技巧眞的很有效，再怎麼強調也不為過。

## ⓫ 咖啡時間的自我對話便利貼提醒

接下來是老派的**便利貼**。我在第一章提過，這個做法類似日曆提醒。把你最喜歡的幾句咖啡時間的自我對話寫在便利貼上，貼在看得見的地方，這麼做能提醒你用正向肯定句堅持到底。我甚至還看過有人把正向肯定句列印出來護貝掛在浴室。這想法眞棒！

不過，還有另一個訣竅。你必須每隔四到五天更換便利貼的位置，否則會變成視而不見，進而忽略。為了防止這種情況，把便利貼改貼在家裡或辦公室的不同地方，並且每週或每兩週更換上頭的文字。

## ⑫ I am 手機應用程式

我最近發現一個新的 iPhone／Android（安卓）應用程式，非常適合每天搭配咖啡時間的自我對話使用。這款應用程式的名稱是 I am，開發團隊是 Monkey Taps，他們想出的宣傳口號爲「自我照護的每日肯定句」。

這款應用程式提供免費的預覽模式，可在該模式中享有幾種預載的精選肯定句。完整版每年的費用約爲二十美元，訂閱者可存取預載的肯定句完整句庫，其中包含一項可讓使用者新增句子的功能。（包括表情符號，耶！）

這就是咖啡時間的自我對話發揮作用的地方。

只要把咖啡時間的自我對話腳本裡的句子，新增到這個應用程式裡，點擊「練習」，選擇「我自己的肯定句」，再選擇時間（一分鐘、五分鐘或十五分鐘）。這個應用程式將每隔十五秒，隨機顯示你的咖啡時間自我對話的每個句子，而且背景還是彩色的。

所以，這個應用程式用這種方式爲你建立了一個定時的咖啡時間自我對話時段。這是朗讀腳本另一種很酷的方式！

這款應用程式除了可以在早上固定的咖啡時間自我對話期間使用，也是無所事事時打發時間的好方法。想像一下……在超市排隊時，你拿出手機，然後出現以下這句出自你腳本的話：

懷著感恩的心，離宇宙的財富便不遠矣。我感恩我美好的生活。

這很有趣，而句子隨機出現又讓這件事多了些許刺激感。你永遠不知道接下來會看到什麼！

# 第九章

# 找時間進行咖啡時間的自我對話

每個人都有時間進行咖啡時間的自我對話。只需要喝一杯咖啡的時間，這樣的時間剛剛好。我大膽猜測每個人早上總會吃喝點什麼吧，即使只喝一杯水。如果你是把咖啡帶在路上喝的人——好吧，改變的時候到了，**因為你值得對自己好一點**。

問題很簡單：你想不想心情很好？想不想提高快樂和幸福感？想不想改善健康，吸引同伴或新朋友？想不想看見更多機會？想不想事業更成功？想不想成爲更好的父母？如果以上問題你有一題的答案是肯定的，那麼只需要五分鐘就能開始。

我知道有人還是會說沒時間，但這件事眞的超級簡單。如何才能抽空做這件事的祕訣，我已經有答案了。你準備好聽答案了嗎？

答案就是：**提早十分鐘起床**。

厲害吧，我知道。

我是略帶諷刺地說這句話，但這麼說完全是出於愛。我希望每個人都能有很棒的自我對話，因爲這能讓這個世界眞的成爲一個更美好的地方，而且這不是誇大的說法。改善內在對話的每個人都是蝴蝶的前身，預先體驗將在世界各地感受到的洶湧的愛、平靜與同情。把自我對話的時間和早晨的咖啡結合，就更有可能做到，而我的夢想是每個人都開始做這件事。愛自己，過著充滿意圖和自信的生活。

是的，若有必要，這可能要早點醒來。這表示要早十分鐘上床，因爲我不希望減少大家的睡眠時間。晚上睡得好對健康超級重要，也可以改變心情、提升幸福感及對生活充滿熱情。因此，我雖然希望你爲了咖啡時間的自我對話重新安排時間，但我得補充一句，請幫自己和你的生活一個忙——晚上好好休息。

再次重申，每個人都有時間做這件事。耐人尋味的是，提早幾分鐘上床睡覺，對許多人來說是非常困難的一件事。我完全理解。許多次我在讀書時，也很想先把那一章讀完再睡——再五分鐘就好。或者我正在玩電玩〈拼字遊戲〉（Words with Friends），想完成跟不同人的每一局遊戲。再等幾分鐘也沒關係吧？或者我正在網飛看最喜歡的節目，而那一集就快演完了。嗯，沒有人會在追逐場面看到一半時按暫停吧！

祕密就在這裡。爲了預防這種問題，你必須檢視生活作息，看看自己睡前一小時在做什麼，然後做出改變。調整作息，避免打亂夜間活動，還能準時上床睡覺。我檢視了自己的作息和晚上的例行公事，發現各種占用睡眠時間的藉口。而這就是你可以改進的地方。

只要查看日曆，利用它來協助安排你的就寢時間。再提一下，我是用 iPhone 的日曆應用程式，在上面輸入每晚上床睡覺的時間，通常是九點。九點前入睡給了我充足的睡眠，確保我在八、九小時後神清氣爽地醒來。然後我會在手機設定晚上八點三十五分的鬧鐘，再從《Sonicaid Sleep Therapy》專輯中選擇一首睡眠曲，設定爲鬧鈴聲播放。當音樂聲響起，我會停下手邊的任何事，幾乎沒有一次例外，然後刷牙、洗臉、上床。如此一來，在入睡前，我還有幾分鐘可以複習當天的正向肯定句。

如果這看起來很基本，那是因爲**它本來就是**！這又不是什麼高深的學問。但有多少人眞的設鬧鐘準備上床睡覺？這眞的非常簡單。既然知道截止時間是晚上八點三十五分，我就不敢在晚上八點開始看節目。我也習慣書讀到一半停下來，也會把剩下的〈拼字遊戲〉延到隔天晚上。

旅行或忙得不可開交時，我會稍做調整。我會再度打開日曆，把想要的睡覺時間往前移，以確保有八小時的睡眠時間，**而且**早上也有時間進行咖啡時間的自我對話。

事實是，你不是**沒時間**自我對話。至少，如果你想要正在等著你的精采人生，你不會沒有時間。此外，既然一般人每天花兩個多小時在社群媒體上，我知道大多數人都能抽出十分鐘來創造更美好的生活。

這只是決定要不要做的問題罷了。這是不是最重要的事？對我來說肯定是。我經歷了有咖啡時間自我對話的生活，也過過沒有它的生活。有它的生活好太多了！

改變需要每天、正向的習慣和慣例，
目的是讓你的行為和目標保持一致。

——喬・迪斯本札博士

# 第十章

# 「換個角度想」技巧

有兩種方法能讓咖啡時間的自我對話對生活其他領域有很大的幫助。我稱這兩種方法爲「換個角度想」技巧（Alternative Perspective Techniques，簡稱 APT）。具體來說，咖啡時間的自我對話讓我能做到之前不喜歡做的事。我將在這一章教你如何使用咖啡時間的自我對話來幫助你架新框架，讓事情變得更好。

## 「換個角度想」技巧❶：換框法（reframing）

### 想辦法喜歡你不想做的事情

有一種很酷的咖啡時間的自我對話使用方式，能讓你在不知不覺中調整想法，重新定義自己必須做但其實並不想做的事。這是我最喜歡的自我對話使用方式之一。當我發現使用的字詞，在決定感受和顯化的事情方面有多大的影響力時，有天便嘗試用不同的字詞，這讓我對並不想做的事感到興奮。

甚至在說出這些話之前，我仍抱持懷疑態度，也不認爲這會有用。我是說，拜託，這是我壓根就不想做的事，只是換幾個字，我就會想做？我非常不認同這個想法，但後來我想：**管他的！**

我第一次嘗試這個技巧，是在不得不繳費的某一天。這不是我喜歡做的事，但這次，我試著做不同的事。我只是說：「我喜歡繳費，我很高興做這件事。」

就這樣。

說眞的，我的心情和狀態立刻發生變化。我不焦慮了。只是簡單換了幾個字、換個框架，在那一刻，繳費眞的讓我很開心。看起來好得不像眞的，可是天啊，我眞的做到了！

我告訴自己：我喜歡繳費，而我的心智聽進去了，並爲我營造出那種狀態。簡直就是變魔術。之後，我一直使用這個技巧。記得有次還因爲這麼有效而哈哈大笑，心想：「太棒了，可是別人做也會有效嗎？或者我是個超級怪胎？」

但幾週後，我在讀葛瑞琴·魯賓（Gretchen Rubin）的書《過得還不錯的一年：我的快樂生活提案》（*The Happiness Project*）時，讀到她描述自己做了**一模一樣的事**。那一刻我幾乎從椅子上摔下來！你好啊，跟我一樣的粉絲女孩！

第一次實驗成功後，我開始無論做什麼事都使用這個技巧，而且眞的是每一件事。

如果有件事讓我感到意興闌珊，我就告訴自己，我超想做這件事。這個心理小技巧最起碼能減少做這件事的不快。但大多數情況下，我會眞的開始期待。

例如，如果我需要跑腿，比如說去商店買東西，但其實有其他更想做的事，我就改變想法。現在我會說：「我喜歡去商店。」然後以更好的心態、邁著輕快的步伐出發，而不是拖著沉重的腳步。

我在義大利打掃公寓時也會使用這項技巧，尤其是清理烤箱，這是我一直很討厭做的事。我只是開始告訴自己「我喜歡做這件事」，甚至不必想理由解釋原因，因爲無論告訴自己什麼我都會相信。既然大腦聽命行事，而我告訴它我喜歡某樣東西，大腦的反應就是：「當然，有何不可？」

這個技巧對運動的效果也非常好。許多人不喜歡健身，有些人（包括我媽）在提到運動時總會說一個字，而且那個字不是**愛**！但如果你開始說「我喜歡運動！」，你會發現每次運動前，你眞的會有喜歡運動的感覺。我的天，這種方法**真的有用**！

事實證明，這種技巧也適用於對人的感受。我跟某個親戚一直不對盤，便開始告訴自己我喜歡她，結果能量眞的改變了，我開始感到對她更有善意。而且見鬼了，我發現自己期待跟她在一起，相處起來比以前愉快許多。我猜她也感覺到有哪裡不同，這似乎也改變了她對我的能量，彷彿我說的話是一種**自我實現預言**！

## 這正是自我對話的意義！

我也試著在工作上使用「換個角度想」技巧。在寫成爲快樂性感百萬富翁的部落格時，我考慮過製作 YouTube 影片。遺憾的是，我不是很喜歡拍影片，總覺得拍片過程壓力很大：要對著鏡頭說話，記住該說的臺詞，找合適的衣服穿，梳妝打扮，還不能搞砸。

於是有天我嘗試「換個角度想」這個新方法的效果，說：「我喜歡拍攝 YouTube 影片。」嗯，我的老天，這個方法**又**奏效了。遊戲結束，將軍。我現在很喜歡拍片，而且是發自內心喜歡，不是假裝，也不是在自我欺騙。我現在一想到要在鏡頭前，就眞的覺得很興奮。我現在更放鬆，也做得更好，就好像大腦裡有個開關突然打開了。

我還是很驚訝這個技巧居然這麼簡單。也許我是個很容易受暗示的人，但我強烈建議任何人反覆說你喜歡一件本來不喜歡的事，再觀察自己對那件事的態度是否有所改變。若有，那就值得了。這項技巧可用於只是稍微不喜歡的事情，例如打掃房子或摺衣服，也可用於超級不喜歡的事，例如公開演說、報稅或拜訪姻親！

做個有趣的實驗：試著用這個技巧來開始喜歡跟**感官**有關，而你目前不喜歡的某樣東西，例如某種食物、某類音樂或電影。想想看可能發生什麼事！

這個神奇戰術對專業人士來說可能超級有效。

想像一下，如果你從事銷售，卻不喜歡打促銷電話，只要告訴自己「我眞的很喜歡打促銷電話」，態度就會轉變，信心也會增強，讓你更有優勢。若將這個技巧應用於重複性的事物，造成的影響可能會顛覆你的認知。若能愈常把想法切換到正向領域，心情就會愈好，身體會愈健康，生活也會愈美好。

只要出現不想做的事，例如搭機飛越大西洋或經過機場安檢，我就會使用這項技巧，而且已經這麼做了好一段時間。我會把這項技巧應用在每件事情上，例如擦地板、晾衣服、去監理所。效果跟魔咒一樣。我現在正在努力喜歡肝臟的味道。肝臟營養豐富，但味道……噁。進度有點緩慢，但多虧了「換個角度想」技巧，我現在至少可以忍受肝臟的味道。

請親自體驗看看。

想一件你這週必須做，但寧願不要做的事。只要大聲說：「我喜歡＿＿＿。」看你對那件事的感覺是不是立刻就不一樣了。如果不是，或者效果不大，那就反覆說五到十次，然後享受對即將來臨的計畫或清單上的待辦事項感到振奮的心情。

雖然「換個角度想」這種技巧不需要用到咖啡，但也是一種自我對話，因此可以在咖啡時間的自我對話中使用。把句子加入咖啡時間的自我對話腳本中，每天重複這個正向想法，讓持久的改變更快發生。

例如，繳費是每個月的經常性待辦事項。如果每個月到了繳費時間，你都覺得很焦慮，就在咖啡時間的自我對話腳本裡加入一、兩句話，例如：「我喜歡繳費。」連續幾週每天都說這句話，會使繳費變得不那麼討厭。這麼做其實是在改寫你的思考程式，徹底改變你對這件事的感覺。

無論什麼事，幾乎都可以從不同的角度來看。

不是每個人都不喜歡繳費。許多人對這件事無感，但有些人其實很喜歡在繳完費後把清單上的帳單劃掉。這些數據證明人是有可能喜歡自己原本不喜歡的事的。大家比較不清楚的是，喜歡或不喜歡某樣東西，其實是一種**選擇**。我**決定**喜歡繳費。我們都有選擇自己喜好的能力。

你看，我們不喜歡的不是事件本身，而是看待事件的方式。思考事情的方式影響很大，決定了事情對我們有何**意義**。

只要說幾句自我對話，就能徹底改變某件事對你的意義，無論是某項活動、某個人，或你對這個世界的信念。最重要的是你對**自己**的信念。這能帶給你很大的力量！

## 「換個角度想」技巧❷：改變遊戲規則的「能夠」技巧

把你「應該」做或必須做，但不一定喜歡做的事情換個框架的另一種方式，是用另一種特定方式，改變你對那件事的自我對話語言。只要把「必須」換成「能夠」，然後坐等感受魔力。以下是我最喜歡的例子：

不要說「我現在**必須**運動」，說「我現在**能夠**運動」。

哇！看到區別了嗎？

我把一件「必須做」或「應該做」的事，變成一項特權，彷彿在說我多幸運哪，居然能夠運動！哇呼！把事情變成一項特權，心裡會湧現感激之情，你對做這件事的感覺也會開心許多。

換個用字，便徹底改變事件的意義。雖未明說，但言下之意是：不是每個人都能夠運動，例如兼三份差的人或身障人士。或者，有時就算我想運動也沒辦法，例如生病時。目前沒有事情阻止我鍛鍊身體、改善身體狀況，光是這一點，就足以成爲開心的理由了。這**真的是**一項特權。

不喜歡靜心的人，可試著告訴自己：「我今天**能夠**靜心。」這會讓你稍微體驗兒童那種興高采烈的感覺。

你明白話語的影響力有多大了嗎？我一直在使用這項技巧，確切地說是每天。假以時日，你的感覺真的會改變，會對本來不喜歡的事感到更興奮。不用多久，你就會真的期待做改寫自己程式之後變得喜歡做的事。

你可以輕易把「我能夠」這幾個字，加入早上咖啡時間的自我對話腳本。這個技巧對培養良好的生活習慣特別有用。例如，如果運動的例子適合你，那麼可以在咖啡時間的自我對話中加入一句：

我今天能夠運動！耶！我太幸運了。

你甚至可以更進一步強化這種感恩的感覺，只要更具體地說：

我今天能夠運動！耶！我很幸運有時間和精力鍛鍊身體。我很幸運有雙腿可以在跑步機上行走，有手臂可以舉重。我喜歡把健康和身體排在第一位。今天的健身效果會很好，我很開心能夠做這件事。

# 第十一章

# 擺脫負面思考，更加閃亮動人

雖然咖啡時間的自我對話一天只花短短五到十分鐘，我還會做其他事情來保持一整天健康的心態。以下是我的訣竅，有助於消除或排除生活中的任何負面能量，維持閃亮動人。

## 小心垃圾新聞

我不常看新聞，確切地說，是幾乎不看，但我並不覺得自己像個散播假消息的白癡。如今大多數新聞要不是多餘、不重要、不相關或有偏見，要不就是純屬臆測（專業建議：忽略每一則以問號結尾的標題）。有些新聞甚至不是眞的（臉書你好！），就算是眞的，許多也已經過過濾，以八卦傳聞、聳人聽聞或販賣恐懼的方式引人點擊。老實說，情況眞是一團糟。

然而，我似乎從未錯過眞正重要的事。重大新聞總能穿透過濾，與我特定興趣有關的重要消息，也能透過值得信賴的守門人（朋友、推特等）傳遞給我。若是重要到非知道不可的事，我就會深入了解，畢竟我又不是離群索居。

但我告訴你，關掉新聞後，我的頭腦清晰度、心態、創意、平靜、開心的程度大幅飆升。每天不再有過多雜訊令我分心！你聽過「見血才能上頭條」這句老話嗎？大多數的新聞都是負面的，**因為多數人的行為是由恐懼所驅使，所以他們才會忍不住點擊觀看**。

但我不是。我的生活中沒有空間容納那些垃圾新聞。我非常保護心情愉悅的狀態，我迫切想要顯化快樂性感百萬富翁的生活，所以絕不會因爲某個名人做了某件丟臉的事而東窗事發，或某位政治人物說了某句蠢話，而讓這件事延後發生，即使只拖延一天都不行。等戰爭爆發或發現有外星人再打電話給我，好嗎？

## 社群媒體戲碼

我現在對社群媒體的動態消息，也採取同樣嚴格和廢話少說的態度。我曾在社群媒體上浪費太多時間。一旦意識到這些平臺正在操縱我，讓我持續處於分泌多巴胺、消費成癮的模式（用專業術語說就是「遊戲化」（gamified）），我便告訴自己：天啊，不能再這樣下去了！然後做出重大改變。

首先，我不喜歡推特上那些故意激怒人的言論，只要是負面言論多於正面言論的人，**無論是誰**，我都立刻取消關注。我們是不是朋友並不重要。我不會讓意識受制於想法負面或狹隘的人。想像一下，如果每個人都如此毅然決然刪除動態消息……推特很快就會成爲一個友善許多的地方。

Instagram是另一個持續的痛苦來源。因爲我自己的問題，我發現有太多人在比來比去，這無助於保持愉悅的狀態。即使當時我關注的言論看似激勵人心，也只會讓我覺得自己不夠好。那些人甚至一點也不負面。不，問題源於自己的匱乏思維。可悲的是，對今天使用Instagram的許多人來說，這是很常見的情況（包括年輕人，這尤其令人感到害怕）。大家只會在Instagram張貼自己最好的狀況，相片也經過篩選，因此當一個人的自尊低落時，登入Instagram只會讓有毒的能量繼續醞釀。

但是，這種情況是有解決方法的。若使用得當，社群媒體可以發揮很大的影響力；若使用失當，就可能有害。以下是我讓社群媒體成爲生活中一股更強大的力量，並增進幸福感的方法：

很長一段時間，我會突然斷絕社群媒體。我刪除了手機上那些應用程式，這麼做是爲了增加「戰略摩擦」（strategic friction），就像購物狂爲了控制購物衝動，把信用卡冰到冷凍庫的冰塊裡。

如果我想登入或貼文，就得重新安裝應用程式，再找到密碼登入。我偶爾會這樣做，但前提是這件事眞的重要到值得如此大費周章。完成後我會再次刪除這些程式。我知道聽起來有點蠢，但這麼做讓我不再沉溺於按讚、貼文、關注等行爲，而且效果絕佳，我也得以喘口氣，關注自己。

遠離社群媒體的同時，我也努力精進自己，而我的咖啡時間自我對話起了重要的作用。它提升了我的自尊，而我在自愛方面的努力，讓我感覺自己是有價值和完整的。當我變成一個感覺堅強、有愛心、有自信、全新的人，也發現自己的心態變得更健全，更適合從事之前附帶風險的行爲，例如瀏覽Instagram。

一旦我覺得可以放心重返社群媒體，便大刀闊斧清理了一番。無論是誰，只要曾在任何平臺上帶給我一絲負面能量，或曾對任何人開不當玩笑或說刻薄的話，我一律取消關注。我會感覺自己孤零零地在荒蕪的社群媒體荒原嗎？一點也不。我反而開始關注那些讓我開懷大笑或發文很正面的人。我關注自我發展領域的佼佼者、張貼美麗動物和大自然圖片的人，還有好笑的人——這種人非常多。

通常，我也嚴格限制自己花在社群媒體上的時間，即使剛認識了積極向上的新朋友也一樣。不可否認，花在社群媒體上的時間大多一無所獲，許多時候甚至乏味至極，這不叫美好的生活。

**我想創造，而不是虛度光陰！**

於是，我一天只花大約五分鐘在社群媒體上，經常兩天才登入一次。我在手機上設定了五分鐘的定時器！有時甚至隔週或更久才登入一次。

不使用社群媒體多出來的時間，我用來讓自己和生活更好。我散步、閱讀、寫作、陪女兒玩、靜心、做白日夢、站起來四處走動、跳舞、放鬆。我知道自己一分鐘都沒浪費，因爲這些是我從社群媒體垃圾堆奪回的時間。

最重要的是，每次登入 Instagram 或推特，我都會問自己：這讓我心情好嗎？若否，我會立刻登出。記得，社群媒體可以是很棒的僕人，卻是邪惡的主人。使用方式取決於你。（我幾乎完全不用臉書！）

盡可能刻意讓負面事物遠離生活，能讓心靈散發更耀眼的光芒。我不想讓負面事物在大腦發射、連結，而刻意過濾新聞和社群媒體，是做到這件事最聰明又最簡單的方式之一。

這些改變大幅增進我的幸福感。感受正面、振奮情緒的機會愈多，我的心情就愈好，也愈快吸引來我正在設計的命運！我一天比一天更接近我的命運，也熱愛這趟旅程。我甘之如飴。

## 不受周遭負面人事物的影響

實踐**咖啡時間自我對話的生活**改變了你，卻不表示它也能改變身邊的人。沒錯，你更善於應對未進行咖啡時間自我對話的人，但坦白說，還是有些人和情況需要接近德蕾莎修女那種英雄式的耐心來處理。好吧，我有一套針對這些人和情況的指南和訓練，能幫助你更從容地處理。

直截了當地說，你難免會遇到有人無法理解你對美好文字和感覺的熱情。某程度上，這種情況是你能控制的。

熟悉自我對話的人都知道，結交其他正向的自我對話者，是多麼重要的一件事。這麼做能提升我們的能量和生活經驗，而且感覺很棒。我們能壯大彼此。

時間久了，你會開始意識到，你已不再喜歡想法負面的人，即使你還愛他們。你跟他們不再是同道中人。你對可能發生的事有了不同的看法。

對某些人來說，這表示該對自己付出時間的對象做出更好的選擇。記得，更好的選擇才能帶來更好的生活。審慎思考要把時間花在誰身上，是你能養成最重要的習慣之一。你必須保護心智免於外來的負面程式干擾，就像監控對自己說的話那樣。

儘管盡了最大的努力，有時仍免不了要跟負面的人相處，例如家人。雖然能減少跟想法負面的家庭成員相處的時間，但無法完全避開，而且坦白說，我們還愛他們，不會想永遠不理會他們。幸好，有個處理這個問題的妙招！

如果身邊有人在抱怨或發牢騷，我會回答：「如果……那不是很棒嗎？」這樣就完全改變了談話風向。如果同坐一車的人在抱怨交通，我會回答：「如果有一輛車能飛起來，載我們飛過這些車輛，是不是超酷的？」我用**超酷的**這種有趣的用語，再加上飛天車這種傻氣的場景，緩和了自己和他人的心情。

在某些情況下，有趣的用語和耍笨並不恰當。例如，如果有人在發洩或抱怨老闆時，我會先積極傾聽。只要是好的傾聽者都會這麼做。我不會貶低或否定對方的感覺或經驗。但之後我會轉換心情，讓他們有機會在當下思考更美好的事，例如：「如果你讓自己的公司做——，那不是很酷嗎？」「如果你們老闆超級慷慨，在你表現好時跟你擊掌，那不是很棒嗎？」所以，你要對情況有敏感度，並做出相對應的反應，但這並不表示你要坐在那裡陪他們一起醞釀負面情緒。

我也會這樣處理自己的想法。生活中很難事事盡如人意，但我會設法用話語和想法，讓事情變得**盡可能美好**。例如，我們最近住在義大利萊切（Lecce），在鎮上旅遊期間，我們先租了一個月的公寓，之後再看是否想延長。當時樓下有間公寓正在裝修，使用的油漆稀釋劑非常刺鼻，每次離開公寓不得不走下三層樓梯時，我們都得屏住呼吸，避免吸入有毒的霧氣。

我很注重健康，知道油漆稀釋劑對大腦或肺部毫無益處。但以這種思考模式走下樓梯只會令我更焦慮，帶給我不好的能量，還可能引發其他因壓力而起的負面健康後果（還有油漆稀釋劑，真是雪上加霜！），這會把顯化推得離我更遠。

因此，處於不理想的情況時，我會用更樂觀的想法來應對：「如果這棟大樓的樓梯天井聞起來像新鮮的玫瑰花，那不是很棒嗎？」

或者給這個經驗換個框架。例如，我先生會冷靜地走下樓梯，整整三層樓都屏住呼吸，並在心裡默想他是詹姆士·龐德，能長時間閉氣，以避免吸入有毒氣體。人生是一場遊戲，對吧？參與這場遊戲時，與其扮演嚇壞的膽小鬼，不如扮演詹姆士·龐德。

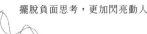

這麼做完全緩和了那次的經驗，也讓我的心情變好。將軍！

## 心情瞬間變好的神奇妙方

毫無疑問，有時難免會發現自己處於某些不理想的情況，但我們可以讓每次的情況變得更好。我利用正向思考讓人生變得更好的另一個例子，是立刻在某種情況中找到一個優點。一旦掌握訣竅，做起來真的很容易。我已經寫好了我的思考程式，並將這個方法設定成預設程式。你也可以這麼做。

舉例來說，如果我看著一棟大樓，上面的塗鴉降低了它的吸引力，我會尋找這棟大樓真的讓我很喜歡的地方。也許是大樓的窗戶或大門，也許是太陽映照在大樓上的方式，甚至是塗鴉本身……我想起拉斯科洞窟舊石器時代的洞穴壁畫，以及古人對創作和在這世界上留下痕跡的動力。任何適合你的方式都行，只要是正向的事物即可。你的大腦會相信你（這就是大腦的運作方式），讓心情瞬間好轉。

或者，如果天氣很冷，在走到商店途中，我的手凍僵了，我不會發牢騷，而是立刻提醒自己偶爾感受一下寒冷，能觸發長壽基因。這是件好事，因爲我要活很久！哇呼，寒冷的天氣，謝謝你啊！

## 雨過總會天晴

最重要的還是選擇。儘管狀況不理想，仍然選擇好心情，是從容度過負面情境的方式。你的選擇能力是韌性眞正的源頭。當然，偶爾因爲生活中的某些情況或事件而感到情緒低落或犯錯，乃人之常情，重要的是在那**之後**你做了什麼。多久之後你才能再次找到平靜和快樂？多久之後你才能轉換心態，承擔責任，扭轉乾坤？

其實很容易。只要想明白如何盡可能看到事情最好的一面。再怎麼絕望，也**總會**有一線希望。自我對話改寫了心智的程式，讓我們能立刻看到希望。無論情況如何，快樂和開朗都成爲我們預設的心情。

這是終極的自由。

對生活中的一切都無所畏懼，這種感覺實在是太棒了。

## 感恩遊戲

感恩之心是經過驗證、證明有效的提升幸福感方式。在任何時刻，表達你對任何事物的感恩之情，永遠都是轉悲爲喜的好方法。這麼做能引發完整感和愛的感覺，也是一種很簡單的方法，可讓你的想法瞬間轉成正向，讓你重回吸引夢想生活的軌道。

我總是能找到讓自己開心的事情來思考。例如，如果我不得不冒雨在外等候，會感恩自己有雨傘或外套（前提是我帶了這兩樣東西，哈哈）；或者，我只是說：「我感激這場雨，因爲它能幫助萬物生長。」快速、簡單地連結上感恩之心，能打破負面思考的鎖鍊，打造出快樂想法的鎖鍊。關鍵是要簡單，因爲這樣能更快引起共鳴，擊中你的核心。

再舉一例：如果你發現自己對財務感到焦慮，立刻轉換念頭，想想你多麼感激你的兒子／女兒／伴侶／其他人身體健康。健康是我經常使用的預設感恩來源，因爲我知道只要身體健康，世界裡的一切就很美好。要是你眞的生病了，不要聚焦在這一點，要意識到：「很慶幸我沒病得更嚴重。」或「我會利用這段時間在床上休息，看我最喜歡的節目。」（專業建議：喜劇和大笑能促進健康，加速療癒。）

若想更擅長這個感恩遊戲，有個方法是每週選擇一天，看一整天（在做完需要專注力的工作任務空檔時）你能感恩多少人事物。可以小至感謝牙刷幫你把牙齒刷乾淨，或燦爛的陽光、舒適的床、美味的咖啡，也可以大至你的住處、家人、工作，或了不起的毅力，因爲你努力掌控生活，按照自己的設計過日子。這項練習不僅能讓你度過有史以來最快樂的一天，也能在大腦裡發射、連結感恩之心。這就是感恩成爲預設思考模式的方式。

我在咖啡時間的自我對話腳本添加了幾句話，明確指出我要感恩的事，讓感恩正式成爲日常生活慣例的一部分。

# 無論如何，今天都要讓新的自我覺察創造更美好的生活

久而久之，我發現在咖啡時間進行的自我對話能讓我在一整天當中，對自己的所思所想、所說的話和聽見其他人說的話，具有高度的覺察。我意識到竭力看守自己的所思所想，將更快吸引快樂性感百萬富翁的生活。

例如，最起碼我不會說以下這兩句話：

我迫不及待想＿＿＿＿＿＿。

或

我等不及要＿＿＿＿＿＿。

啥？沒錯，我常用的每個字詞，都經過審愼思考，而我決定我不喜歡這種說法。這兩句話讓我感覺有點**局限性**，於是我訓練自己不再這樣說話，換成更生動一點的說法，例如：「我對＿＿＿＿＿＿感到興奮。」

是不是有點誇張了？不。我肩負使命，我要用每個字、每個想法，爲成功做好準備。

因爲我現在知道每個念頭、每個字詞的力量有多大。如果它不能像巨大的旋轉迪斯可球那樣照亮我，我會把它換掉。

當然，剛開始朋友和家人覺得我很奇怪，但後來發生了一件有趣的事。我對自己的用字遣詞非常謹慎，加上說的時候充滿熱情，以致他們忍不住質疑起自己的選擇，於是也改變使用的字詞。種子已經在他們的心裡種下了。

重複正向的自我對話和肯定句一段時間後，我發現自己更容易把正向的自我對話應用在生活中的每件事情。一旦發現**每個念頭**都是某種肯定句，自然而然能隨時換個方式思考。我從未把任何字詞視爲理所當然。

結果，我發現一整天中，有許多時候我可能很容易選擇某條路，讓抱怨或負面想法成形，往下旋轉，使那一刻變得黯淡。可能是由陌生人、認識的人、社群媒體或新聞的某些負面事件所引發。未必跟我直接相關，但只要想到**任何**負面或批判的事，心中就會湧現負面的感受，一種焦慮不安的感覺。嗯，我再也不允許這種事發生。來自任何源頭的負能量絕對無法吸引快樂性感百萬富翁的生活。所以，現在聰明的我大膽選擇了另一條路。如果出現不吸引人的事，我會像避開瘟疫那樣側步躲開。我會利用甘甜味美、在那等著我使用的自我對話，因爲我已受過訓練，有了使用自我對話的本能。

你也可以做到。想像一下，不被扯著馬尾或領帶甩來甩去的畫面。想像你的心情不會因爲恐懼而跌落谷底的生活。想像……無論周遭發生什麼事，都過著快樂的生活。每天進行咖啡時間的自我對話，執行那些加分的策略，讓自己超乎想像地成功，看著自己**過著精采絕倫的生活**。

好了，好了，到此爲止。接下來看看我一直承諾要提供的那些改變人生的自我對話腳本。

# 第二部

讓你夢想成真！

# 咖啡時間的自我對話腳本

這裡有十三份咖啡時間的自我對話腳本，幫助你踏上旅程，前往最好、最神奇的生活。如果這些腳本和你產生共鳴，歡迎立刻開始使用。你也可以加以編輯，或把這些腳本當成起點，用更相關或更能在心中燃起火花的字詞，寫自己的腳本。

一旦開始看見使用咖啡時間的自我對話有哪些可能性，你可能會很想動手寫自己的腳本，甚至每個主題都寫一份！

首先，這樣會喝太多咖啡！但說眞的，有件跟自我對話有關的事要讓你知道……當你改善面對人生任一領域的態度，其他領域也會自動受到影響。

比如你從關於**錢財與富足**的腳本開始，並堅持做了幾週，你對生活各領域的感覺都會開始變得更好。自我對話可提升自尊，且不僅影響人生的某些面向，而是影響你的一切。因此，可先專注於一份腳本，堅持做一陣子，知道它正在提升各方面的幸福感。

話雖如此，你當然有充分的彈性，可隨意創作自己喜歡的任何腳本。我什麼腳本都有！因此，以下幾份腳本若有哪些句子最能引起你的共鳴，你可能會想每一句都使用，按照自己的意思加以組合，或許再添加幾句自己寫的句子。

你可能也會想在不同的日子使用不同的腳本。我就喜歡這麼做，這樣能維持新鮮感，有時我還會想把那天發生的各種事情加入咖啡時間的自我對話裡。例如，也許那天是健身房日，或是有外縣市的客人來訪的忙碌日子，或是我在播客有重要訪談的日子。

你的腳本會隨時間演變，所以不必擔心一開始就要做得盡善盡美。最重要的是要保持對自己的愛，因爲這是所有魔法眞正開始的地方。只要有幾句話支持你愛自己，就不會出錯。

**好好享受吧！**

# 第十二章

# 咖啡時間的自我對話腳本：活出精采人生

何謂精采人生？那是一種感覺寬闊、充滿喜樂、驚人共時性無所不在的生活；是一覺醒來感覺興奮、好奇、快樂，使你活在幾乎隨時處於驚奇和敬畏的狀態，放眼望去，隨處可見清晰的紋理和明亮的色彩。你將更驚奇於大自然和自身感受到的滿滿幸福感。

精采的生活是一種心境，而這份腳本將幫助你進入那種心境。當你在朗讀這份腳本時，能**真正感受到**愛、敬畏和喜悅，也就是把這份有趣又富有想像力的腳本提升到另一個階段，把更多耀眼的光芒吸引到生活和未來。每個人都能連結到這個魔法的來源。這時可要小心囉，因爲**生活會變得非常有趣**。

注意：如果你是早起的人，在日出時念這份腳本的效果特別好。當周遭的世界正在甦醒，光線緩緩照亮室內，增添氣氛，也多了一分神奇感，要善用此時的能量。

還有一則注意事項：我鼓勵你用自己的聲音錄製自己的腳本！

# 爲活出精采人生而寫的咖啡時間自我對話腳本

我是個閃閃發光的存在，從醒來的那一刻起就散發耀眼的光芒。我的眼睛閃著喜悅和愛的亮光。

我很優秀，我很神奇，我很獨特。

幸福就在身邊，也在我心裡。我的生活過得很棒，我很開心。

我和我的目標以及美好的願望保持一致。

我感覺無論走到哪裡，陽光都照耀著我，反射出比我所知的任何事物都更明亮的光芒。

我性感迷人，容光煥發，熱情洋溢。

我的日子過得自在從容，因爲我有充裕的時間。

我散發明亮耀眼的光芒，因爲我覺得很快樂，而且精力充沛。

我相信自己。我敞開心扉，連結即將到來的一切美好事物。

我正在接受我設計的夢想生活中的一切，因爲我值得。

我的人生很驚人，令人興奮的共時性持續發生。

我對自己和他人感到無限的慷慨和耐心。

我是宇宙之子。我願意接受自動出現的答案。

大量的新機會正朝我湧來。

我很強大，想做的事都能做到。我努力追求！

我喜歡新的事物。

我閃閃發光，照亮自己和他人的生活。

我身邊有很多機會。我有創意，日子過得很開心。

我喜歡嘗試新事物。

每當我感恩某件事，每次喜歡某樣東西，感覺它讓我心情很好，就是在告訴宇宙：「沒錯！這種東西再來多一點！」

我願意接受一直在我周遭的豐盛能量。

我的需求總是能得到滿足。

我感覺自己正乘坐鮮紅色的魔毯，翱翔在繁星點點的夜空，心中充滿敬畏和驚奇。

我很性感，充滿好奇心，喜歡微笑。

我看著周遭的世界，感覺到明亮健康的亮光和能量。這是個充滿樂觀的世界。我散播喜樂。今天和每個明天，到處都充滿美麗的事物。

我愛我自己。我很特別。我時時刻刻全心全意地感受愛。宇宙全力支持已知和未知的一切。

我像小鳥一樣自由自在，準備好展翅高飛，因爲我善良的心寬廣遼闊，充滿了愛。

我喜歡對別人大方，因爲這麼做能讓世界成爲更美好的地方。

我正在尋求的事物也在尋找我。

我準備好接受奇蹟！

我想像力豐富，充滿創意。

我不分晝夜散發高能量頻率，將渴望的事物吸引到我的夢想生活中。

我散發非常棒的能量，所以也能療癒其他人。

我值得擁有內心渴望的一切。

我是我正在設計的精采人生的總指揮。

我每天都感覺被深愛著。我值得卓越、愛與活力。我是完整的。

我敬畏大自然和周遭的世界。

我值得世界上所有的愛。

我很快樂，感覺自己正漫步在灑上精靈粉的魔法雲中。

我的生活好得不得了，因爲這是我創造的。

當我付出愛，我就有了翅膀。我感覺自由、輕盈、沉著、耐心、放鬆、精力充沛，

感覺身邊的人都在對我微笑。

我願意接受。

現在，我在這裡，準備歡迎魔法進入我的生活。

# 第十三章

# 咖啡時間的自我對話腳本：改變習慣

重複的行為造就了我們。

——威爾·杜蘭（Will Durant），在評論亞里斯多德時提到，引自《哲學的故事》（*The Story of Philosophy*）

咖啡時間的自我對話有幾種不同的使用方式。你可以按照本書至今概述的方式提升自尊、改寫心智程式、創建全新的你、吸引更好的生活，也可用於特定項目，例如減重、找到另一半或增加收入。自我對話的字詞也可用來創造整體的精采和幸福感等更廣泛的層面。自我對話適用於你想改變的任何事物。

包括改變壞習慣或培養新習慣！也許你想停止咬指甲（戒除壞習慣），也許想每天靜心（養成好習慣）；也許你想戒掉一個壞習慣，同時開始另一個習慣。你可以用每天的咖啡時間自我對話儀式，朗讀通用的**幸福感**腳本。這份腳本旨在幫助你活出最好的生活。你可以在腳本最後加上另一份更具體、更詳細的腳本，幫助你破除壞習慣或開始新的好習慣。由你決定，方法可以很有彈性。

當你有了新想法或生活中出現新的情況時，偶爾你會想更新和修改咖啡時間自我對話腳本，也許一、兩週一次。

當然，等你眞正戒掉壞習慣、順利實行好習慣時，就再也不需要朗讀這些腳本，因此可以接著處理另一件事。（通常養成新習慣需要三到四週。）

改變習慣有個重點：無論是戒掉壞習慣或養成新習慣，用字遣詞都必須**非常明確**。你要的是明確但簡單的字。用你熟悉的字詞，讓大部分的詞組維持相對簡短有力，而且我要再次強調——要非常明確。

好比達成目標最好的方法，是把具體細節放進目標裡，同樣的道理也適用於破除或建立習慣。細節愈多，在心眼創造的影像就會愈明亮、生動，也更能夠創造意象，預先「看見」結果。大腦會用這個意象來創造產生結果的藍圖。大腦擅長處理意象，因此我們對圖像的記憶優於其他事物。

爲生活中你想要的任何事物創造鮮明、具體的心像，是讓大腦將你做的一切持續往那個方向推進最好的方法。這個道理也適用於改變習慣。

## 列出習慣清單

現在是把你想在生活中改變的事項，列出一張清單的時候了。拿一張紙，在上面畫一條直線，再從中間劃分開來。左邊寫想戒掉的習慣，右邊列出想在生活中增加的任何新習慣。剛開始可將兩邊的數量各限制在三項以下，以免力不從心。之後，等順利完成剛開始的習慣目標，便可添加更多項目。

## 寫下非做不可的理由

寫下你的「理由」，是這個過程非常重要的一環。

這是你之所以想改變的原因。大腦裡的不同系統（例如長期思維和短期思維，或是分析思維和情感思維）很像不同的人住在你的頭顱裡，每個人都有不同的欲望和做事方式。一整天，當你做決定時，它們也在不斷彼此協商，例如在你「允許自己」完成一定數量的工作之後稍事休息時。

改變習慣這件事，需要大腦掌管長期規畫和分析的區域，去說服自動反應的區域是一件很重要的事。說出你的理由，基本上就是在說服自己相信這件事爲什麼這麼重要。

當你實際寫下非做不可的理由，會讓你對即將做出的改變感到更興奮，也能提供寫咖啡時間自我對話腳本的想法。

檢視清單中的每個項目，問自己爲什麼想做出這項改變。爲什麼不再吃甜食、省錢、戒菸、少喝酒、不再咬指甲、不再花這麼多時間在社群媒體，或不再經常發牢騷，對你來說很重要？你可能會想到跟健康、體力或心情更好的相關理由，可能會思考戒掉某個壞習慣，對家人、存款或自由有何影響。

開始新的習慣，有哪些非做不可的理由？爲你想戒掉的每個壞習慣，想出至少三個非改不可的理由，也爲將開始的每個好習慣想出三個理由。

讓我們看看幾則戒除壞習慣和養成好習慣的具體例子。

# 從使用以習慣爲主題的咖啡時間自我對話開始

既然你已列出想改變的項目，也寫下想做出這些改變的理由，現在該針對每個項目進行咖啡時間的自我對話。

以下收錄爲了幫助我女兒（她當時九歲）戒掉咬指甲的習慣所寫的實際腳本，好讓你開始著手進行，也讓你了解幫助戒除習慣的腳本可以有哪些內容。

有幾件事需要謹記在心，要確定你的腳本符合這幾點。

首先，你的腳本應該要說明和描述不咬指甲的人有哪些行爲。他們會做哪些咬指甲的人不會做的事？反之亦然。

第二，描述改變習慣的好處。盡可能列出想得到的好處，也要在腳本裡描述因爲戒除這個習慣而感受到的情緒狀態。

第三，如果這個壞習慣通常是由某件事所引發，要先處理這件事。每當這個觸發事件發生時，就提供替代的健康行爲來取代這個壞習慣。

你的腳本也應該使用振奮人心的字詞來增強信心，提醒你想改變成什麼樣的人，以及現在**正在變成**什麼樣的人。

你不咬指甲嗎？沒關係，可將以下腳本當成例子或範本。保留整體架構，但更改具體細節以符合你想戒掉的任何習慣。

## 為戒掉壞習慣而寫的咖啡時間自我對話腳本範例：咬指甲

我今天不需要咬指甲。

我很高興為我的手做出健康的選擇。

我不再覺得需要或想要咬指甲。

我想擁有美麗、乾淨、強韌的指甲。

我的手很漂亮，指甲又長又美麗。

我喜歡在美麗的指甲塗上繽紛的色彩，這麼做讓我很開心。

我堅強而自信。

我做出健康的選擇。

我相信我自己。

我時時刻刻全心全意地感受愛。

我愛我自己，我愛我的指甲。

我很棒，想做的事都能做到。

我的指甲很漂亮，我喜歡讓指甲保持健康。

每次有想摳指甲或咬指甲的衝動，我就改用優質的保養油塗抹在指甲上。

我不需要咬指甲，我現在就擺脫這種行爲。

我有良好的衛生習慣和乾淨的指甲。我絕不把指甲放進嘴裡。

讓指甲長長，好好照顧它們，讓我覺得很開心。我的指甲很漂亮。

我愛現在的自己，我愛我的指甲。

只要我下定決心，就一定堅持到底，絕不放棄。

我值得擁有漂亮的雙手和指甲。

如果指甲斷了或裂開了，我會用指甲剪或指甲挫刀來愛護它。

看見指甲長長，我很興奮！

如果我發現自己在看電視時摳指甲，我會把好看的保養油塗在指甲上，以取代這種行爲，這麼做能讓指甲保持美麗健康。在沙發旁邊放一瓶這種油，能確保我做到這件事。

如你所見，這份腳本相當基本，重複性有點高，包含鼓舞人心、充滿愛的字詞，用來振奮心情，也包含不咬指甲的人會有的具體行爲細節，以及不咬指甲的好處。我女兒另外做了一份加了裝飾的美化版腳本，當作她 iPad 的桌布，這樣她就可以整天一遍又一遍地看到它，而我根本沒要求她這麼做。

一旦你寫出自己的腳本，表示已經準備好每天在咖啡時間的自我對話期間，把腳本大聲朗讀出來。在喝一杯咖啡的時間內，一遍又一遍重複你的肯定句，把它當成平常每天的習慣，很快就能把這些想法付諸行動。通常在一、兩週內（有時長達三週），咬指甲或摳指甲的衝動就會慢慢減弱，最後就戒掉這個壞習慣了。

爲了加速這個過程，我建議你除了在早上喝咖啡時朗讀腳本，還要另外找時間多讀幾遍。安排固定時間，留十分鐘全神貫注地朗讀這份腳本，一天最多三次，這樣效果更好。把它想成是「靈魂的早午晚餐」。或者，在這個例子當中，是指甲的早午晚餐。

說到三餐，如果你在每次用餐前都朗讀戒除習慣的腳本，能幫助你記得做這件事。

近乎神奇的事發生了。有天你一覺醒來，想做這個壞習慣的欲望突然消失無蹤。你擺脫它了。但這件事一點也不**神奇**。你只是把新行爲的程式寫進了心智，因此建立了這個新行爲。

還有許多方法可以增強戒除或養成習慣的過程。例如，我可以在女兒看網飛的時候，拿一顆球給她擠壓，讓她的手除了摸指甲之外，還有別的事可做。或者等她的指甲長到一定的長度，我可以獎勵她，例如帶她到沙龍修指甲。我也可以請她戴手套，幫助她改掉這個壞習慣。

這種技巧雖然有用，卻不會**改變原本的你**，也不會把你變成全新的人，但自我對話可以。它能**改變你的個性**。當個性改變，許多情況也會跟著改變。

首先，建立或戒掉任何習慣會變得更容易。此外，在轉變的同時，你對其他好習慣也會抱持開放的態度，因爲自愛的大腦已準備好接受各種正向的改變。這是跟自己交談的祕密之一。具體說出「不咬指甲」，並與更廣義的正向肯定句結合，例如「我是個有價值的好人」，就是在引發一種超越戒除咬指甲習慣的變化。你正在改變整個心智的樣貌；你正在成爲相信自己的人。這不僅讓你有信心改變特定的習慣，也會讓視野變得更廣闊，能看見用其他方式改善生活的機會。

## 養成好習慣

到目前爲止，我們探討了如何使用咖啡時間的自我對話來戒掉壞習慣。現在我們將檢視一份腳本範例，幫助你建立新的好習慣。假設你想養成每天靜心的新習慣。如果這個目標不適合你，別擔心，這項技巧可應用於任何新習慣。

在寫新習慣的程式時，除了使用自我對話，還有其他變數影響成功與否，例如打造支持你想要的新習慣的環境，或設置提醒物和誘因，讓你更有可能持續這個過程，直到習慣養成爲止。

例如，若想養成靜心的習慣，你可能會想打造一個吸引你去靜心的環境。也許放個特別的枕頭或椅子，或是坐在衣櫥裡，確保無人打擾。或者這可能意味著要點特別的蠟燭，諸如此類。你可能也會想讓別人知道，不要在靜心時打擾你。

現在來聊聊爲你寫的這份咖啡時間的自我對話腳本。即使你還沒開始靜心，這份腳本也會開始編寫你的大腦程式。自我對話奠定了基礎，培養靜心的心態。把這份腳本加入咖啡時間的自我對話，持續一到三週，會使新習慣更容易建立，過程也更愉快。

我喜歡的一種說法是，用咖啡時間的自我對話來養成好習慣，是讓習慣「更黏著」

的一種方式。在養成好習慣之前或期間，若心智裡寫了這個程式，成功的可能性就會大幅提高。在靜心成爲生活的一部分之前，先使用這份腳本，等你眞正開始，大腦和身體就會感覺靜心是件很熟悉的事。就像籃球員在球場外觀想自己罰球完美得分，使用這種自我對話也能幫助你觀想，讓你開始做時感覺更自然、更容易。當你眞正開始靜心，在早晨喝咖啡時持續使用這份每日腳本，能讓大腦的接線更穩固。

## 爲養成好習慣而寫的咖啡時間自我對話腳本範例：靜心

我是個喜歡靜心的人。我對靜心能爲我做的一切感到超級興奮。

我每天花時間靜心，因爲這件事很重要。

我值得在一天當中花時間靜心。

我喜歡靜心。

靜心讓我身心舒爽，我不能一天不靜心。

我每天靜心十分鐘，這麼做感覺很棒。

我堅強而自信。我喜歡健康。

我接納周遭的能量。

我愛自己，也愛我的自我。

我每天都期待坐下來靜心。這是我的一項生活常規，讓我感覺平靜。

靜心是有益的，因爲它能增強我的韌性，減輕壓力。

我相信自己，因爲我很棒。

我很迷人，我很獨特，我很快樂。

我在靜心時從不沮喪。如果注意到思緒飄走，再把注意力拉回來就好。每次發生這種情況，我的心智就變得更強壯。

我是自己精采人生的主人。我喜歡新的事物。

我很感謝我把自己照顧得這麼好。

靜心提高了我的創造力，我喜歡靜心對身體的影響。

我很棒，因爲我想做的事都能做到。

我欣賞我自己。

我喜歡花時間靜心。

靜心是讓心情愉快、延年益壽、增強韌性的好方法。
我欣賞自己和花時間靜心這件事。
我堅持靜心，絕不放棄。
靜心是我一天當中最喜歡的事情之一，因爲感覺很棒。
我有很好的時間管理習慣。
我有資格接受在我設計的夢想生活中的一切。
我值得在一天當中花時間靜心。
靜心有益身心。
打造靜心的專屬空間，讓每天靜心變得更容易，也更愉快。
我喜歡自己，也喜歡靜心。
我喜歡當善良的人。
靜心能幫助我實現夢想，因爲它帶給我平靜和沉著。

依照往例，請隨意修改這份腳本，使用能讓你感覺愉快的字詞。在享用每天的咖啡時，朗讀這份腳本幾遍。在一天中找三個不同時段朗讀，可提高好習慣的黏著性。睡前朗讀更是格外有效！

如果要花一個月才能養成好習慣，也別擔心。記得之前討論過讓改變更快發生的訣竅：選擇適合咖啡時間自我對話的環境，搭配鼓舞人心的音樂（也許你聽的是很適合靜心的寧靜歌曲），觀看能激勵靜心的圖片。

最重要的是，在咖啡時間的自我對話時，一定要保持心情愉快。

# 第十四章

# 咖啡時間的自我對話腳本：健康與減重

健康、苗條，是很常見的目標，因此也是很受歡迎的自我對話主題。許多人因爲遇到一些困難，在減重路上無法成功。首先，許多想減重的人很難愛自己，這可能是他們「堅持肥胖」的主因之一。某程度上，體重成了他們自我保護的工具。

然而，因爲進行咖啡時間的自我對話而提升自尊、更愛自己，體重便可能開始減輕，甚至不必刻意改變飲食或健康習慣！雖然匪夷所思，但大腦就是有辦法讓事情成眞，尤其是跟身體、代謝、基因表達、免疫力和整體健康有關的事。

自我對話的另一種作用，是透過以下內容的腳本，幫助你改變**個性**，表現出健康的人才有的行爲，讓你產生多動、運動、減掉不想要的體重的**欲望**。

你是否曾注意到，在健身房裡最健康的人踩在跑步機上的步伐，都有一定的力量、強度或「彈性」？他們看起來從不無聊，且意志堅定；他們看起來從不疲累，彷彿有無限的精力，也像在執行任務。那是因爲他們確實如此。看見這個畫面的你，正在目睹一種**健康的態度**，一種健康的**心態**。你可能理所當然地以爲這種態度是身體健康的結果，但事實恰恰相反。這些人之所以這麼健康，是**因為**他們先有這種態度。改變大腦，身體也會隨之改變——它別無選擇。

最後，許多人認爲自己沒有定期運動的時間或精力——好吧，咖啡時間的自我對話又能幫上忙了。它能改寫你的大腦程式，換個方式看待健康。以下是一份鼓舞人心的腳本，能將大腦頻道轉到「我是個健康、性感的狠角色」廣播電臺。它能把一個「沒時間」的人，變成能**抽空**運動的人，彷彿這只是日常生活中稀鬆平常的一件事。運動不辛苦，運動很愉快，你渴望運動。你想要運動！

既然咖啡時間的自我對話通常是在早晨進行，這份腳本也正好符合這一點。但是，我也建議在運動前先瀏覽一下這份腳本。更好的做法是搭配一些讓你想動、想跑步或想跳舞的高能量音樂。

如前一章所述，還有其他方式可協助養成好習慣。但先從自我對話做起，能確保你不僅養成好習慣，也成爲一個全新的人，而且眞的**喜歡**做這項新的好習慣。這是成功的關鍵要素，因爲改變心態是習慣能長久維持的必要條件。

你可能一開始只在咖啡時間的自我對話朗讀這份腳本（也可修改成適合你的版本），其他時間什麼事都不做。若想讓效果更顯著，可考慮在白天和睡前再多朗讀幾次。

一週後，觀察自己的情況，評估是否眞正感覺到頭腦和心裡正在發生變化。你是否開始感覺更有活力？是否自然而然想多運動一些？而且還想出不同的方法把運動加進生活？宇宙是否同步傳送某種訊息給你，讓你對運動感到有點興奮？你可能會發現，即使只朗讀了一、兩週自我對話腳本，也會很想把這種好習慣加進生活，因爲你正在轉變成會做這些事的人！

# 爲健康與減重而寫的咖啡時間自我對話腳本

我愛自己，我愛我的生活。我愛我的身體，我愛活動身體。

我心情好得不得了！

我的身體喜歡健康，因爲這樣的感覺很棒。

選擇健康新鮮的食物讓我活力充沛。

我是我正在設計的精采人生的總指揮。

我謝謝自己照顧和愛護身體。我照顧自己。

我相信自己。

處於值得、感恩和自信的狀態時，我會感覺願望已經實現。這把我目前的感覺和所知未來的感覺連結在一起，而我的身體相信這件事已經發生了。

我喜歡在戶外散步帶給我的感覺。

我喜歡活動身體，因爲這麼做能促進血液循環，強化淋巴系統，讓我更有活力。

我喜歡擁有強壯健康的身體。耶！動起來吧！

運動讓我有活力、有自信。

我堅持運動，絕不放棄。我正在控管我的健康。

我相信我自己。

我很優秀，我很棒，我是個了不起的人。

我在哪裡都可以運動，無論是在家裡、户外或健身房。我有無限的選擇。

我有資格接受在我設計的夢想生活中的一切。

我強壯而自信。我勢不可擋，我證明凡事都有可能。

我愛我的身體，照顧身體是一件很容易的事。

我很棒，只要是我想做的事都能做到。

謝謝我把自己和身體照顧得這麼好。

散步是很好的運動，我非常喜歡散步。

我喜歡用運動來挑戰自己，提高心率。

大汗淋漓的感覺眞是太棒了。耶！

我喜歡新的事物，也喜歡嘗試，因爲這能激勵我。探索令人興奮！

運動可以很簡單，做幾個開合跳或伏地挺身也算運動。一旦開始，我就想再多做一些，因爲這麼做感覺很棒，也讓我有自信。

健康的食物爲我的細胞提供燃料，而細胞構成健康的組織和器官。一次一個細胞，打造出更健康的我。

身強體健是我在人生中的優勢。

我掌握自己的力量。我的身體感覺緊實，我的身體感覺強壯。

我有良好的衛生習慣，我很健康。

我喜歡運動時費力的感覺，深呼吸時新鮮的氧氣充滿肺部，肌肉用力，燃燒卡路里。

我喜歡身體運動後的感覺。我不覺得這是疲憊或痠痛，而是一種回饋，表示身體正在適應、強健肌肉、變得更強壯。

我感恩能夠每天運動。劇烈的活動讓我感覺開朗樂觀、充滿活力！

我喜歡選擇健康食品，因爲這類食物讓我更健康。

我愈是意識到能量、完整和健康，就愈能把這些事物吸引到身上。

我的身體像美麗的獵豹一樣靈活。

我是我正在設計的精采人生的總指揮。

我很性感。

我喜歡起床後先運動幾分鐘，促進血液循環。我準備好了，開始！
運動很有趣，我每天都渴望運動。我對健康做出明智的選擇。
我是個善良的好人。我時時刻刻全心全意地感受愛。
我的身體喜歡感覺強壯靈活。
運動時，我爲自己花時間做這件事感到自豪和開心。謝謝。
我有源源不絕的活力，我精力旺盛，活力四射。
我值得在一天當中花時間運動。運動對我有好處，也很有趣。
我永遠愛我自己。

# 第十五章

# 咖啡時間的自我對話腳本：健康與長壽

我熱中健康和長壽。健康對我很重要，因爲我一直渴望擁有更多能量和活力，這樣就能過著熱情洋溢的生活。我也想活愈久愈好，所以我加入戴夫・亞斯普雷（Dave Asprey，播客主、生物駭客、防彈咖啡發明人）的行列，在大腦寫入相信自己會活到（聽好了！）**一百八十歲**以上的程式。

這個數字聽起來很荒謬嗎？以下兩個理由說明爲什麼這可能不是瘋言瘋語。

首先，若把醫學和科技的情況考慮進去，活到一百八十歲以上的想法並非癡人說夢。過去五十年來，醫學和科技大幅進步。推算未來的情況，考量到電腦功能日新月異的程度，等我活到七十歲，科學已能將人類的預期壽命延長至一百二十歲，這種想法一點也不離譜。等我活到九十歲，人類可能已經能活到一百四十歲了。依此類推。近十年來，「終結衰老」已成爲嚴肅的研究領域，吸引了不少資金投入，也可推斷未來這方面將投注更多心力。

無論實際數字如何，在某個時間點，科技進步的速度將比人類老化的速度更快。重點是在那之前（達到所謂的「長壽逃逸速度」），要讓自己健康地活著，而你的大腦跟你能否維持健康、年輕、有活力，關係可大著呢。

再者，「我會活到一百八十歲以上」的想法，將我的身心設定在一個不同的軌跡上。大腦喜歡**接收指令**。無論內容好壞，大腦都會認眞看待我們說的每一句話，並著手實現。

我很愛說一句話：「爲什麼餅不畫大一點？」瞄準星星，最起碼你會降落在月亮上。

一想到自己可以如此長壽，我知道在生活中不容許病痛或生病。「我要活到至少一百八十歲」這句話，給了我信心，有點類似命定的感覺，也減輕了壓力，而減輕壓力眞的能讓人活更久！

接下來的腳本滿是寶石，能指導你的身體活得健康、過得幸福安康，同時著重於延年益壽。請隨意使用最能激發喜悅和引起共鳴的字詞。

## 爲健康與長壽而寫的咖啡時間自我對話腳本

我心情很好，過著充滿活力與幸福的美妙生活。

我精力充沛，想從醒來的那一刻起一直跳舞。我精力旺盛。

我愛我的生活。我愛自己。我熱愛生命。

我對今天、明天和一百年後的一切感到興奮。

我過著健康長壽的生活，因爲我照顧好自己。

我的身體散發活力，我感覺年輕。我閃耀著光芒，照亮了生活。我像老鷹一樣翱翔。

我冷靜而放鬆，這麼做在身體裡創造了平靜，允許身體療癒並保護我。今天的一切都很棒，我覺得活著眞幸運。謝謝你！

我的能量和健康是無限的。能量和健康圍繞著我，我的心情好得不得了！

我珍惜健康，我照顧好自己，注意飲食、運動、保持愛心。我在體內產生的能量讓我保持年輕，充滿活力。

我喜歡睡眠充足。睡夢中，當天發生的事情可以得到處理。深層睡眠有助於療癒和恢復。

我閃閃發光，我翱翔天際，我充滿活力，咻。

我關注健康的機會。我感覺周遭都是機會。不可思議的能量讓我和長壽保持連結。

我相信自己，我相信我的身體，我相信我的基因能讓我保持活力健康。

我有強大的免疫系統，因爲我每天都覺得很快樂，且心懷感恩。

我呼吸很輕鬆。我身體健康，我會活到至少一百八十歲。

我很優秀，我很神奇，我感覺年輕。

我感覺到最驚人的健康，無病也無痛，因爲我願意接受這種狀態。

我照顧我的身體，我的身體也照顧我。我愛我的身體！

我的健康是最重要的事，爲自己的健康負責感覺很棒。

我喜歡學習過健康生活的方法。我喜歡嘗試新事物，也喜歡做新的事情。

我心智清明，每天的思路都很清晰，因爲我是個高度專注又有魅力的狠角色！

我的青春荷爾蒙帶著閃閃發光的能量與活力，美麗地流淌在身體裡。

我食用滋養身心靈的美味食物。我喜歡我的食物。

我的腿看起來美極了！

謝謝我把自己照顧得這麼好，這樣一定能活得長壽又快樂。

我有超級棒的身體，我喜歡身體的每個部分。

我有強大的大腦和記憶力。我什麼事都記得。我不會詞窮，回想事情也毫不費力。

我會活到至少一百八十歲。等著看吧！

我的身體喜歡療癒。我時時刻刻全心全意地感受愛。

我的身體喜歡感覺強壯。

我值得長壽。

我的大腦和身心靈之間是和諧的。我很美。

我體內的能量中心對齊並照亮了我。

今天、每一天，我都感覺性感和精力充沛。

運動很有趣，我喜歡運動。這是我照顧自己和提升活力的一種方式。

我太棒了！

# 第十六章

# 咖啡時間的自我對話腳本：療癒

科學證明，單憑想法便能使身體痊癒。

——喬・迪斯本札

有了上述引言，還需要額外介紹這份腳本嗎？（如果你有所懷疑，或沒聽說過這個研究，可閱讀《開啓你的驚人天賦》〔*Becoming Supernatural*〕和《啓動你的內在療癒力》這兩本書。）既然知道你的體內就有療癒的能力，接下來就直接進入咖啡時間的自我對話，如此一來，你就能指導和允許身體做這件事。

## 爲療癒而寫的咖啡時間自我對話腳本

我的身體有自我療癒的能力，因爲它是爲了療癒而設計的。

我愛我的身體，今天愛，永遠都愛。

我的想法就是最完美的藥物。

一切都很好。

我很棒，我很可愛，我時時刻刻全心全意地感受愛。

快樂是終極良藥。快樂是完整，我的快樂療癒我，讓我每天都很健康。樂在其中就是快樂。

我對我的身體充滿愛意。我很開心。

我的心情和信念影響著每一個細胞。

我用喜劇和幽默開啓療癒基因。我喜歡開懷大笑。

我的身體知道如何療癒，因爲我用肯定的想法來指導它。

完整性在我心中，也在我四周。

我回應豐盛、完整、感恩的頻率和能量，讓它們圍繞著我。

我有無限的耐心和慷慨，因爲我有充裕的時間。

我閃耀著光芒，照亮了生活。

我的細胞和荷爾蒙閃耀著金色和健康的亮光。

我有勇氣，也對自己的療癒有信心。

我深呼吸，吸入冷靜。氧氣充滿肺部，讓我放鬆。

我有資格療癒，我有資格接受。我感覺得到，我知道。我整天都察覺得到。正能量啓動療癒的基因程式。

現在我心裡湧起一股寧靜的感覺。嗖。

我的身體是一個自我療癒的有機體。當我感到放鬆和快樂，身體會自我修復。

我覺察到療癒的機會。感覺這些機會圍繞在我身邊。完整和愛的感覺讓我跟這些機會保持連結。

我的身體喜歡強壯。我掌握自己的力量。

每當我感恩某件事，每次覺得某樣東西讓我心情很好，就是在告訴宇宙：「這種東西請再多來一點！」

我有資格接受在我設計的夢想生活中的一切。

我勢不可擋，因爲我知道凡事都有可能。

我從頭到腳都很完整。

我愈是意識到這種整體性的療癒能量，就愈能把療癒和健康吸引到身上。

我願意接受不可思議的療癒。

我是宇宙之子，宇宙用療癒的能量和愛的光亮充滿我。處於值得、感恩和完整的狀態時，我感覺願望已經實現。這把目前的感覺跟即將到來的感覺連結在一起，我的身體相信這件事已經發生了。這種連結有助於更快顯化幸福健康。

我接受周遭的能量。

我快速療癒。

我愛我的每個部分，從頭髮、大腦、眼睛和臉、手臂和胸部、腸胃、器官，到雙腿和雙腳。全部的我。我每天都愛我自己。

愛是奇妙的，因爲它具有療癒功能。

我的身體堅持到底！

我喜歡當開朗、善良的人，因爲這樣的感覺很不可思議。

我相信自己。我相信偉大的身體。

我的身體喜歡療癒，因爲它是爲了療癒而設計的。

我的身體正在療癒，我是總指揮。

我的能量積極、完整、充滿愛。我療癒了。

我很放鬆，也很感激身體具有這麼強大的療癒能力。

我煥然一新，充滿活力。

我是完整的。

謝謝我照顧自己。

我的力量是無限的，因爲我充滿發光的溫暖能量。它來自我心裡，擴散到體外。我的能量積極、高等，我用這樣的能量療癒自己，也有能力用它來療癒他人。

我呼吸很輕鬆。我的身體非常健康，我會活到一百八十多歲。

我很棒。

我告訴我的心說健康是我的，健康一直在我生活中循環，所以我始終擁有健康。我是個創造者。

此時此刻，我覺得快樂、感恩。

我是愛。

# 第十七章

# 咖啡時間的自我對話腳本：財富、成功與富足

關注我部落格的人都知道「百萬富翁」這個詞，例如快樂性感的百萬富翁，對我來說具有特殊的含意。當然，這個詞一部分跟金錢有關，但不要太執著於解釋……它的含意**遠**不止於此。「百萬富翁」未必表示淨資產超過一百萬美元，還有更深遠的含意，也就是無論哪種夢想生活，都有可能實現。

「百萬富翁」一詞可能意味著一百萬美元，但也不盡然。它可能意味著更大的金額，可能是五百萬、一千萬……也可能只是五萬。（但是，快樂性感的五萬富翁聽起來有點遜，對吧？）如果你心裡已有既定的數字（無論是淨資產、年收入或月收入），則可自行決定具體數字。爲了設定目標，我心裡確實有個數字，但更重要的是，對我來說，「百萬富翁」像是代號，是一整個相關概念與情緒的簡稱：豐盛、慷慨、成功、生活方式、旅行等，尤其是……

**自由**。

「百萬富翁」是一種符號，代表我想喚起的某種心理和情緒狀態。當我想感覺自信，能自由自在地在生活中做任何想做的事、去想去的地方，成爲想成爲的閃閃發光的黃金女郎……嘗試大膽的事情，懷抱遠大的抱負，當個狠角色，大部分時間都過著**精采絕倫**的生活——這種時候，我就需要「百萬富翁」的心理和情緒狀態。正是這種心態，讓我做到了許多事，包括環遊世界一年，然後定居在義大利溫布利亞（Umbria）、一個風景如畫的中世紀山城裡，一個你以爲只會出現在電影裡的地方。

這一切其實花不到一百萬美元……只需要胸懷大志，想像百萬富翁的生活方式，並做出相對應的計畫。就這樣一切按部就班，有條不紊地進行。因爲，在我心中，這件事不但可能，**也很容易**。

在接下來的咖啡時間自我對話腳本中，我將和你分享將百萬富翁的生活吸引到身邊而說的話。這些話非常有力量，如果你認眞對待並虔誠傾聽，將爲你創造優勢、帶來好處。

在念這份腳本時，最好擺出神力女超人的力量姿勢，如果你喜歡，擺出雷神索爾的姿勢也行，這樣會有額外的魔法（我說這話是百分之百認眞的）。你的身體**會**回應你說的話，**它別無選擇**！若再加上粗話、活力和強調，效果更好。（這不是我捏造的。事實證明，力量姿勢確實能增加自信。）

以下舉例說明如何擺出力量姿勢：雙手放在臀部，眼睛直視前方，露出一抹會心的微笑。（你知道這種笑容，會心的微笑表示一切的祕密、力量和答案現在都掌握在你手裡，手裡還拿著一條讓人說實話的金色套索。）沒錯！大家加油！如果你有披風，把它拿出來，威風凜凜地穿上，我是認眞的。沒有披風？那就拿毛巾或床單，用髮夾固定在衣服上。喚醒內在的超級英雄！你**會**感覺到差異——這件事是**眞的**。

# 爲財富、成功與富足而寫的咖啡時間自我對話腳本

我的生命是有意義的。我有無限的潛力。我正在追求想要的和應得的！

我正在活出精采人生，因爲我可以。這是我與生俱來的權力。

我每天鼓勵自己，因爲我能做到。我現在就在做這件事！

發揮創意對我來說輕而易舉，我看見身邊到處都是機會和解決方法。

我值得我想要的一切。

我用愛祝福我的電腦，它帶給我成功和富足。

機會到處都是，因爲我像一塊磁鐵把機會吸引過來。我睜大眼睛尋找機會。

我很容易記住事情，回想起來也毫不費力。我有驚人的記憶力。

我喜歡認識新朋友，彼此交流想法。我喜歡聽別人說話，並從中學習。

我愛自己，愛我的生活，我熱愛生命。

我是我驚人成功生活的總指揮，因爲這樣的生活是我設計的。

我相信自己。

我跟金錢的關係很好。

我握有實現所有渴望的鑰匙，因爲我有能力，而且很強壯。

哇啊啊啊啊！

我接受在我設計的夢想生活中的一切，因爲我値得。

我不管做什麼事都會成功。成功的事一件接著一件發生。

我很有魅力，我喜歡和他人分享。

我心情超好，我是世界上最幸福的人，因爲我是自己的英雄。

我很聰明，我有自信，我潛力無窮。

我的才華受到周遭所有人讚賞。

我很有自信，因爲我堅持到底，絕不放棄。我相信自己和不可思議的能力。

富足圍繞在身邊。我很富有。

我覺察到機會。我感覺到，也看到四周都是機會。我的創意能量讓我和機會保持連結。

我的收入持續增加。是的，寶貝！

錢愛我！錢愛我！

我勢不可擋，因爲我知道凡事都有可能。

我準備好充滿熱情、全心投入這一天，我正在度過最愉快的時光！我熱愛我的生活！

我做事有條理、有效率，因爲這樣能讓我保持專注。

我的生活井然有序。

我有資格接受。我感覺到，我知道，我整天都覺察得到。

我的感恩之心讓我很靠近宇宙的財富。我對美好的生活和成功心懷感激。

我有充裕的時間做想做的一切。

我是宇宙之子，我們都是一體的。

我回應豐盛和感恩的頻率與能量。它們就在四周。

我值得在此時此地獲得新的機會。

我的需求總是得到滿足。

我愈意識到豐盛的能量，就愈能把機會吸引到身邊。

我能對最充滿熱情的事物盡情發揮創意。

我過著頂級奢華的生活。

我不吝惜分享成功，我熱切地與他人分享。我們都是一體的。

我就是我，我愛自己，我很成功。
我告訴我的心，財富、健康、豐盛都是我的，這些事物一直在生命中流動，因此無論以什麼形式呈現，我始終都擁有它們。我是個創造者。
我想學什麼都很容易學會，因爲我的大腦厲害又健康。
我正在對的地方、對的時間，做對的事。
我隨時都掌握自己的力量。
我的心因爲力量和勇氣而膨脹。我腦中充斥著不可思議的想法。我的靈魂充滿熱情。
錢很容易來到我身邊。豐盛的感覺帶來豐盛。
我欣賞的事物就會增值！
美妙的新機會現在正來到我身邊。
我接納周遭的成功能量，成功愛我。我願意接受所有美好的事物。
謝謝我把自己照顧得這麼好，也謝謝自己爲了成功堅持到底。

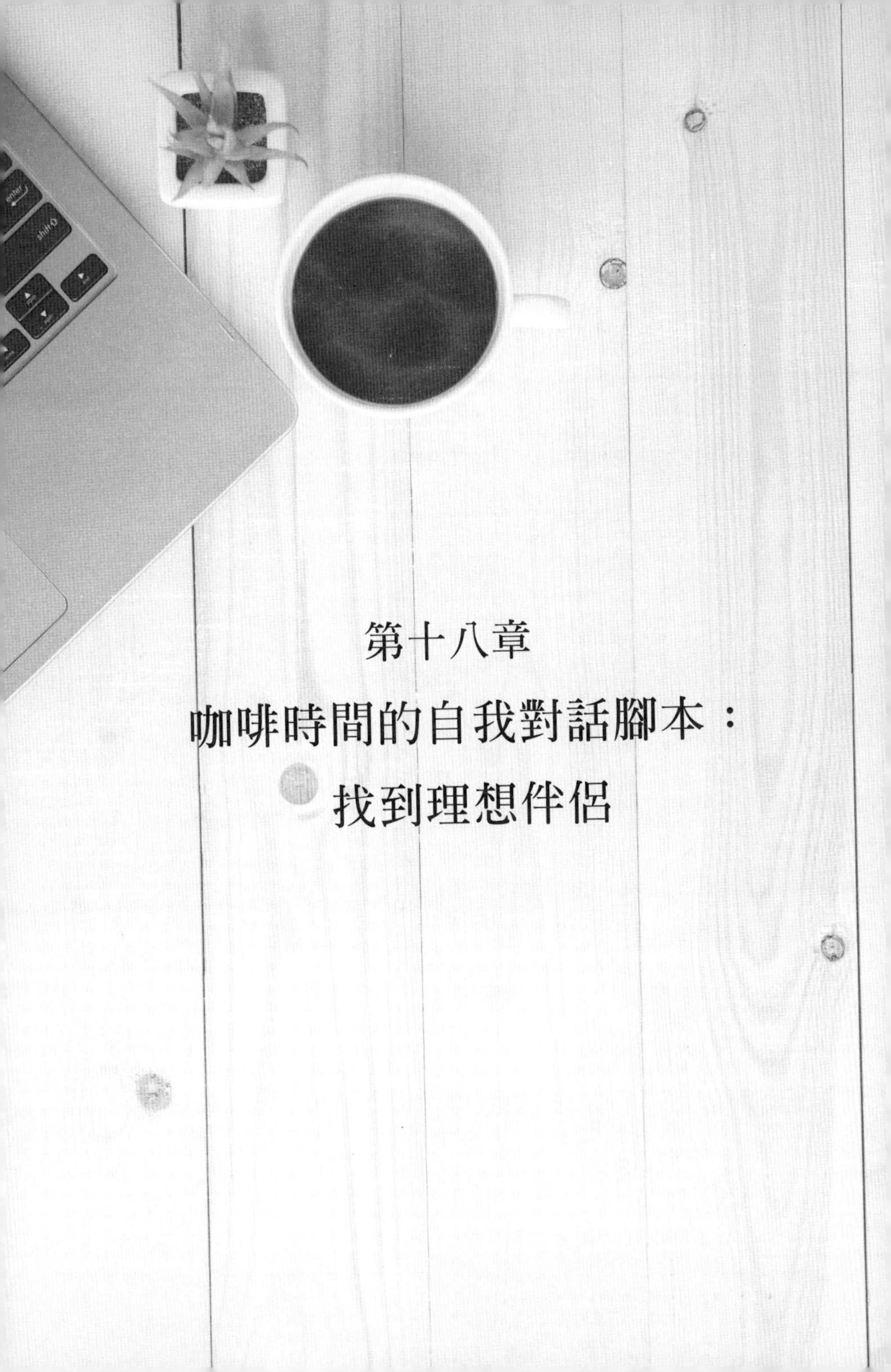

# 第十八章

# 咖啡時間的自我對話腳本：找到理想伴侶

已經擁有很棒的伴侶了？那你可以跳過這一章！

如果沒有，請繼續讀下去！（或者，如果你有認識的人正在尋覓理想伴侶，可能會在本章找到有用的資訊，之後可轉告對方。）

回想一下我的「百萬富翁」心態（見第十七章）。我喚起這種心態，在義大利美麗的溫布利亞創造出「百萬富翁的生活方式」。當初在尋找男友／未來的先生時，我也用了類似的方法。那是十五年前的事，而且眞的有用。雖然當時我沒喝咖啡，但會固定做一件事：每隔幾天泡一次澡，泡澡時，我會聚焦於想吸引到身邊的伴侶。

如果你願意，可稱之爲「泡澡時間的自我對話」。不過，當時我並不知道那就是我在做的事。我不知道那是某種形式的自我對話，但它確實是。我寫了一份**腳本**來回顧和思考，內含許多細節，描述我想共度人生的男性。

我寫了一份清單，列出希望伴侶擁有的所有特質，從希望他戴眼鏡（這是我創造聰明人形象的方法），到他養育子女的理念（我想當全職媽媽）和看體育比賽（我希望他不要過度沉迷或只在乎體育），諸如此類。我列了一份非常詳細的清單，向宇宙提出大約十五項不同的要求。

我把清單寫在紙上，因爲當時「智慧型手機」還是開蓋式的，就像舊《星際爭霸戰》影集裡那些小玩意兒。現在我依然能在記憶裡看見那張紙……我用亮晶晶的筆和貼紙，在紙上到處畫滿愛心和花朵……各位，當時我已經快三十歲了。（你可能會笑，但我告訴你，四年級的女生可能更懂如何向宇宙下訂單呢！）但說眞的，你應該猜得到，每次檢視這張清單，看到那些俏皮的圖案，都能讓我**心情高興起來**。

事後回想，這個方法其實更像是一個詳細的目標或願望清單。在我的清單裡，並沒有跟自己有關的正向肯定句，因爲當時還不知道有這種方法。但設定目標、詳細規畫、固定每天或每隔一天重新思考這項目標，在檢視的同時感受正向情緒，這個想法跟目前精心調整的目標設定和檢視過程極其相似，眞是不可思議。然而，要是當時我把關於自己的正向肯定句和自我對話包含在內，效果應該好更多！我打賭不必兩年，一年內我就會遇到葛瑞格！

以下是我當時做的事。每隔幾天晚上，在浴缸裡閱讀這張清單時，我會在非常適合觀想未來的環境裡放鬆……泡泡浴、昏暗的燈光、蠟燭、輕柔的音樂。我打造了適合的環境，幫助心靈進入放鬆的阿法波狀態，讓改寫大腦程式這件事變得更容易。

閱讀腳本時，我會對未來的伴侶感到興奮和愛，因而創造了我在本書中一直強調的那種神奇的情緒狀態。你的感覺必須和腦中的影像一致，才能使那個影像成眞，顯化你的夢想生活。放鬆的狀態，加上詳細描述**夢中情人**的顯化腳本，再加上想像擁有夢想伴侶該有多棒時所體驗到的愛的感覺，三者結合……砰！他進入我的生命中，而且完全符合清單上的每一個項目！

以下是給你的練習：坐下來，寫一張清單，列出你在理想伴侶身上尋找的所有特質。花點時間做這件事，認眞思考。我們在處理的是一件很嚴肅的事，也就是你的人生伴侶。

以下是一份用來幫助你吸引夢想伴侶的腳本。只要把上述練習中列出的特質放入這份腳本中，其他內容可隨意修改。

## 爲找到理想伴侶而寫的咖啡時間自我對話腳本

我喜歡當個善良的人，因爲這樣的感覺很棒。

我時時刻刻全心全意地感受愛。

我值得和優秀又慷慨的人交往。

我有資格接受在我設計的夢想生活中的伴侶。

我正在尋覓的對象也正在尋找我。

我很可愛，非常、非常可愛。

我知道凡事都有可能。

我喜歡和自己在一起，因爲我是個很棒的人。

我願意找到最棒的伴侶，因爲我心中充滿了愛，想和他分享。

我愈意識到愛的美妙能量，就愈能把愛情的機會吸引到我身邊。

我的伴侶優秀、慷慨、性感、有愛心，跟我一樣。

我很健康。

我美麗、風趣、快樂。

我每天早上醒來都對自己的生活感到喜悅、感恩。

愛情圍繞著我。我是吸引愛的磁鐵。

我覺察到愛情的機會。我感覺機會就在我身邊。愛的能量讓我跟愛情的機會保持連結。

我不吝惜付出愛，也與他人分享愛。

我喜歡新的事物。我喜歡玩。我閃閃發光，照亮了生活。

我值得最美妙的愛情，可以拍成電影的那種！荒誕、唯美的愛情！粉紅泡泡的愛情！

我的日子充滿喜悅。

愛情很容易來到身邊，因爲我充滿了愛。

我的理想伴侶現在正朝我走來，因爲我準備好了。

一切都是美好、幸福的，因爲我在身邊看到並感覺到愛。

我正在吸引新的伴侶，他會對我很好，因爲我對自己很好。

美妙的新機會現在正來到我身邊，幫助我找到不可思議的伴侶。

開懷大笑的感覺很棒，我對自己和伴侶即將經歷的所有好玩的事感到興奮。

我的理想伴侶會很風趣、慷慨、有魅力、聰明、富有同情心和冒險精神。

我感覺身邊圍繞著愛情，我對這件事感到興奮，現在有好事正在發生。

我很優秀，我感覺正能量擴散開來，吸引來美妙的愛情。

愛情、愛情、愛情，我愛愛情。

我的生活好極了，因爲我喜歡現在這樣的自己。全然地愛自己表示我準備好愛別人了。

熾熱、火辣的愛情即將來到我面前！

我對所有和情人共度的浪漫假期、幸福的約會、刺激的冒險感到興奮。

我很放鬆。我面帶笑容。我心情很好。

我值得擁有愛情。

# 第十九章

# 咖啡時間的自我對話腳本：親密關係

以下這份腳本可促進親密關係中的愛情。當生活變得忙碌，或家庭成員增加、多了孩子，夫妻關係通常會被忽略。這就是爲什麼許多夫妻試著安排「約會之夜」，爭取一些獨處時間，關注彼此，重溫感情。

你的伴侶可能會注意到你正在自我對話，因爲你變得更正向、更快樂。事實上，本書臉書社團（https://facebook.com/groups/coffeeselftalk）成員經常提到，開始咖啡時間的自我對話後，伴侶也開始表現出更愛他們、更深情的行爲。有位讀者的先生甚至開始在她的鏡子上留肯定句，也會在咖啡杯旁留下愛的字條。

這份腳本有助於將愛情推升到另一個階段，讓愛整天流動，同時增強這種感性氛圍。當你使用這樣的腳本，或把其中幾句話增加到自己的通用腳本裡，你會發現你和伴侶更常擁抱、親吻，對彼此更浪漫、更體貼、更有耐心，彷彿蜜月的感覺又重回你們的關係中，而且每天都這樣。

# 爲親密關係而寫的咖啡時間自我對話腳本

我喜歡善待我的伴侶，因爲這麼做的感覺很棒。

我時時刻刻爲自己和我的愛人全心全意地感受愛。

我值得和優秀又慷慨的人交往。

我整天都愛我的伴侶。

我的愛人跟我說話時，我會全神貫注地傾聽。

我很可愛，非常、非常可愛。

我的伴侶很可愛，非常、非常可愛。

我知道凡事都有可能。

我和伴侶彼此信任，我們的靈魂和愛交織在一起。

我們喜歡互相陪伴。

我和伴侶花時間在一起，放鬆並享受彼此的陪伴。

每天看見我的伴侶，我都會微笑。

我們總是互相擁抱、依偎、信任。

我愈意識到愛的美妙能量，和伴侶共同感受到的愛就愈多。

我的伴侶優秀、慷慨、性感、有愛心。我也是。

我喜歡爲了自己保持健康，這麼做也讓我的關係更健康！

我的關係很美妙，每天早上醒來我都爲伴侶感到喜悅、感恩。

浪漫一直在我身邊。我是吸引愛情的磁鐵。

我們覺察到愛情的機會。感覺機會就在身邊。

即使不在一起，愛的能量也讓我們保持連結。

我不吝惜我的愛，也和伴侶分享。

我和伴侶喜歡新的事物。我們很愛玩。我們的愛情閃閃發光，照亮了生活。

我值得最不可思議的愛情，可以拍成電影的那種！荒誕、唯美的浪漫愛情！

我的生活充滿了喜悅。

愛情很容易來到身邊，因爲我們尊重彼此。我們是伴侶，是同一架飛機上的飛行員，是同一艘船上的船員。

我和伴侶擁有最美滿的關係，充滿了信任和愛。

我們放鬆、微笑，心情很好。

我和伴侶在一起很安心。我們的心從裡到外都了解彼此。

一切都很美滿、幸福，因爲我們看見並感覺到周遭的愛。

我和伴侶將不可思議的機會吸引到生命中。

美妙的新機會現在正往我們這邊來！

我和伴侶喜歡一起開懷大笑，因爲這樣的感覺很好。我們的生活充滿了喜悅。

我們的關係充滿同情、吸引力和冒險。

每次伴侶走進房間，我都會微笑，對生命中這個美好的對象感到愛和感恩。我很幸運。

我感覺到圍繞在身邊的愛情。我對此感到興奮，現在有好事正在發生。

我們很優秀，感覺正能量擴散開來，吸引來美好的經驗，也更增進我們的愛情。

愛情、愛情、愛情，我愛愛情。

我們在一起的生活令人難以置信，因爲我們彼此相愛。我們愛我們。

我們擁有熾熱、火辣的愛情。這份愛性感且不可思議！

我們現在和未來的所有浪漫假期、幸福的約會和刺激的冒險，都讓我感到非常興奮。

我們很幸福！

# 第二十章
# 咖啡時間的自我對話腳本：生育能力

不打算複製你的基因嗎？那你可以跳過這一章！

生育能力這個主題對我來說非常重要。我使用自我對話幫助自己順利懷孕。這不是生育能力工具包裡唯一的工具，卻是很重要的一項，因為它讓我保持冷靜和開放。那是十年前的事了。在那之前，我已經知道所謂的「自我對話」，但當時我並不像現在這樣定期進行，所以沒有具體的方法或類似接下來的腳本那樣的東西。

不過，有件事我倒是記得很清楚。我們曾前往紐約的診所接受一種叫作「自然體外人工受孕」的特殊治療，當時我確實使用了舊版的自我對話。在脫下身上的衣服，換成病人服時，我就像在念愛的咒語一樣，不斷地說我很冷靜、很興奮，不久我和葛瑞格的胚胎就要移植到體內了。

手術一結束，我便拚命觀想。胚胎移植後，醫生要我在椅子上躺半小時。那段期間我都在觀想我的子宮是粉紅色、柔軟、黏乎乎的，就像棉花糖一樣。我在腦海中反覆播放胚胎會「黏住」我的子宮、找到家的畫面，想像子宮裡有個戴著紫色帽子的巫師梅林，他跟我保證不會有問題，他會照顧我的胚胎。

現在想到這件事，我都會忍不住哽咽，因為當時自我對話讓我保持冷靜，幫助我指導身體做它該做的事。心智對身體的影響力強大到無法形容。我認為，如果在嘗試受孕期間定期使用這樣的腳本，我會更快懷孕，過程也會更順利，最起碼壓力會小很多。（提示：在嘗試受孕期間，考慮改喝無咖啡因咖啡。）

## 爲女性生育能力而寫的咖啡時間自我對話腳本

我有資格接受和受孕。我感覺到，我知道，我整天都察覺得到。

我的身體是爲了懷孕和生下美麗的嬰兒而設計的。

我時時刻刻全心全意地感受愛。我準備好和我的寶寶分享這件事。

我掌握自己的力量。我勢不可擋，我知道凡事都有可能。

處於有價值、感恩和完整的狀態時，彷彿我的願望已經顯化。這將目前的感覺和未來的自我連結在一起，我的身體相信這件事已經發生了。這份連結幫助我更快顯化。

我有很棒的身體。

我完整而美麗，因爲我愛自己。

我的荷爾蒙狀態絕佳又健康。它知道如何幫身體準備好接受和孕育健康的寶寶。

胚胎很容易「黏在」子宮內側，因爲我的子宮「黏乎乎的」，就像棉花糖一樣。

我用適當的休息、食物和充滿愛的肯定句來滋養身體，因爲做這些事能幫助我受孕。

我很棒。

我有體力生孩子，我準備好了。

我很興奮能感覺到體內寶寶的能量。

我對生命中的一切心懷感激，感恩讓我心情很好，這對生育能力有幫助。

我很放鬆，非常、非常放鬆。

我很冷靜，也有充裕的時間懷孕。一切都很好。

我的身體很容易受孕，因爲我愛我的身體，也愛我的生活。

懷孕是一件喜悅的事，我準備好了。我很快樂，我很興奮！

生育對我來說是件輕鬆自然的事。我用愛歡迎寶寶進入我的生命。

我能輕鬆受孕，因爲身體散發著活力與生命的光芒。

我百分之百準備好生孩子了，因爲我現在充分、全然、無條件地愛自己。

我感覺到荷爾蒙裡的魔法正在讓身體準備好受孕。

我喜歡我的思維和感覺方式。我喜歡這一生有能力設計我想要的生活。

我的身體很奇妙，有能力創造嬰兒。

我愛我的伴侶，我愛我的生活，我愛我自己。

## 爲男性生育力而寫的咖啡時間自我對話腳本

我有資格成爲父親。我感覺到，我知道，我整天都察覺得到。

我的身體是爲了讓我的伴侶孕育美麗的嬰兒而設計的。

我時時刻刻全心全意地感受愛。我準備好跟我的寶寶分享這件事。

我掌握自己的力量。我勢不可擋，我知道凡事都有可能。

當我處於有價值、感恩和完整的狀態，彷彿我的願望已經顯化。這把目前的感覺和未來的自我連結在一起，我的身體相信這件事已經發生了。這份連結幫助我更快顯化。

我有強壯有力的身體。

我是完整的，我值得擁有孩子，因爲我愛自己。

我的荷爾蒙狀態絕佳又健康。它知道如何讓精液準備好使卵子受精。

我的精子是強壯聰明的游泳健將！我的精子數量、活動力和型態都好得不得了！

我用適當的休息、食物和有力的肯定句來滋養身體，因爲這些能讓我健康，爲成爲父親做好準備。

我有體力養育孩子，我準備好了。

我很興奮能感覺到伴侶體內的寶寶能量。

我對生活中的一切心存感激，感恩讓我感覺強壯、有力、健康。

心情愉快對我的生育能力有幫助。

我會是很棒的父親。

我很放鬆，非常、非常放鬆。

我很冷靜，也有充裕的時間和體力生孩子。一切都很好。
生育對我來說是件很容易的事，因爲我愛我的身體，也愛我的生活。
我準備好了。我很快樂，我對成爲父親感到興奮！
生育對我來說是件自然而輕鬆的事。我用愛歡迎寶寶進入我的生命。
我能輕易讓伴侶的卵子受精，因爲我的身體充滿活力與生命力。
我百分之百準備好生孩子，因爲我現在充分、全然、無條件地愛自己。
我感覺到荷爾蒙裡的魔法正在讓精子健康有活力。
我喜歡我的思維和感覺方式。我喜歡這一生有能力設計我想要的生活。
我的身體很奇妙，有能力創造嬰兒。
我愛我的伴侶，我愛我的生活，我愛我自己。

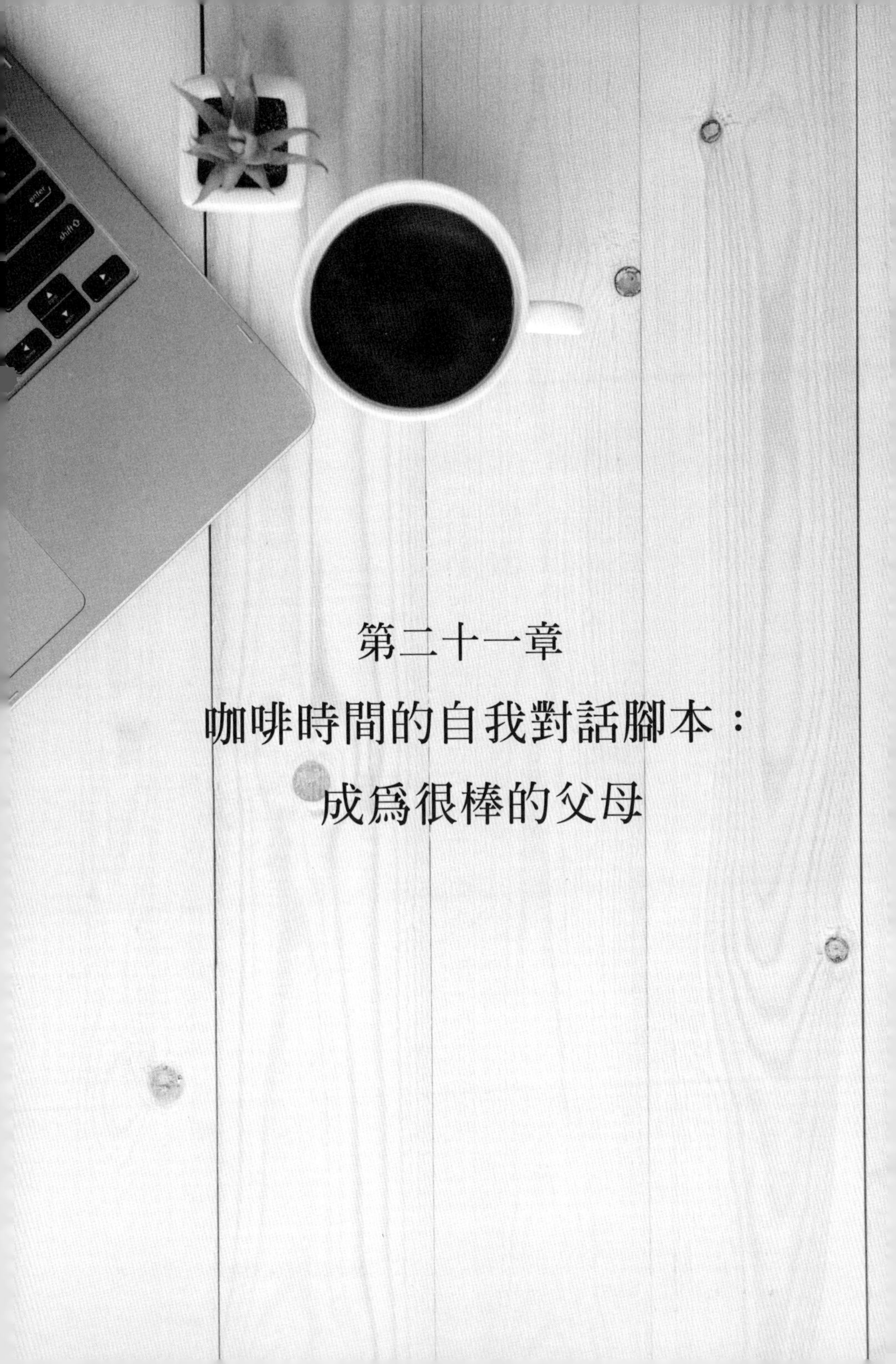


# 第二十一章

# 咖啡時間的自我對話腳本：成爲很棒的父母

你可能會認爲，就算沒有爲了養育子女而進行咖啡時間的自我對話，也可以是好父母，因爲我們本來就很愛孩子。但筋疲力竭的父母都知道，有時我們應該要更專心，花更多時間陪伴孩子。無論是疲憊、分心、忙碌，還是不夠愛自己，都會影響孩子。

若想更常對孩子表達愛意，你能做的最重要的一件事，就是**先愛你自己**。沒錯，要先做這件事。你必須先愛自己，因爲這不僅能讓你「出現」在孩子面前時，用適合的方式對待他們，也因爲這麼做就是在以身作則，教他們要**愛自己**。

如果你愛自己，就會把自己照顧得更好。就像飛機減壓時，你會先戴上氧氣罩，才能保持清醒，協助你的孩子成爲最好的榜樣。孩子是靠榜樣學習的。如果父母無法以身作則示範健康的自尊，卻期待孩子做到，未免太不切實際。

爲成爲很棒的父母而寫的這份咖啡時間的自我對話腳本，包括改寫大腦程式的自我對話，能提升你的自尊，成爲你所能做到最棒的父母。

注意：把孩子的名字塡入這份腳本裡，能與你產生更緊密的連結並增強效果。

# 爲成爲很棒的父母而寫的咖啡時間自我對話腳本

我喜歡當個善良的人。

我是個有耐心、善良、鼓舞人心的父母，因爲我會花時間積極傾聽孩子說話。

我喜歡全神貫注地陪伴孩子，因爲這麼做能讓他們知道他們在我心目中有多重要。

我熱愛我的生活，感激我的家人。

爲人父母很有趣、很刺激，是我很珍惜的一場冒險。

爲人父母是很美妙的體驗，我喜歡看著孩子成長茁壯。

我的孩子很可愛，我很可愛。

我有無限的慷慨和耐心。我喜歡花時間陪伴孩子。

我時時刻刻全心全意地感受愛，這種態度也影響了我的孩子。

我覺察到成爲優秀父母的機會。我感覺這些機會就在身邊。積極向上的能量讓我保持專注並維繫我和子女的關係。

我不吝惜我的耐心，也與孩子分享。

我喜歡依偎在孩子身邊。

我喜歡跟孩子一起做新的事情，因爲這樣很有趣，也會學到新的事物。

我的生活很美好，我的孩子也熱愛生活。

我會專心聽孩子說話，他們知道可以暢所欲言。

當我的孩子走進房間，我會停下手邊的事，抬頭看著他們的眼睛。

我是個很棒的父母，因爲我相信自己。

今天我要感謝我的孩子。

我有耐心，我讓孩子自行運用時間。

我用耐心、同情心、慈悲心來回應錯誤。這麼做教導孩子要以耐心、同情心和慈悲心待人。

我未必知道所有事情的答案，但會積極傾聽孩子說話，並給他們機會分享。

我喜歡爲孩子成爲鼓舞人心的榜樣，因爲這件事對他們的人生很重要。

愛自己，知道自愛能讓孩子受益良多，是件令人興奮的事。

我有一顆充滿冒險、耐性和善良的心，隨時準備和家人分享。

爲人父母是很神奇的一件事，我很幸運能擁有孩子。我享受跟孩子在一起的時光。

更多的擁抱，更多的優質時間，更多的愛。這些事一直在我們家的選單上。

我每天都滿懷愛意地醒來，迫不及待想和家人分享這份愛。

我們家是個很棒的家庭，充滿了魔法、愛與奇蹟。

我感謝我的家人，也感謝我有充裕的時間陪伴他們。

和家人共度的時間很重要，因爲這麼做能維繫我們的感情，讓我們更堅強。

我是愛，我是慈悲，我是耐心。

# 第二十二章

# 給兒童的咖啡時間自我對話

## （提示：沒有咖啡）

孩子，你能移山！今天就是你的好日子！你的山正在等你，所以……立刻出發吧！

——蘇斯博士（Dr. Seuss）

在自我對話領域，兒童是很特別的案例，因爲他們太容易受影響。即使現在他們的大腦程式只出現微小的變化，都可能對餘生產生深刻的影響。以身作則，教導子女，是爲人父母的職責。如果你身爲父母，使用咖啡時間的自我對話不僅能讓你成爲更好的父母，你也會想和子女分享關於自我對話的一切。父母也是老師，所以你可以花時間特地教導孩子跟自我對話有關的事。

當然，兒童不需要喝咖啡……除非是無咖啡因的咖啡。或者，你可以把氣泡水倒在特定玻璃杯裡給孩子喝，而這個杯子只有在咖啡時間的自我對話時才能使用。這種細節會造成有趣的差異，重要的是，要賦予自我對話的經驗「儀式感」，並定期重複。若想獲得最大的效果，就要讓自我對話成爲孩子日常生活的一部分。

花點時間想像所有孩子都有健全自尊的世界，一個沒有霸凌、所有孩子都有正向朋友支持的世界。如果父母教導孩子自我對話，他們會更有自信，意志力也更強，更能抵抗同儕壓力。他們會有良好的自我認知，不會拿自己跟別人比較。他們會更快樂、更成功，而且樂於付出。自我對話眞的很有效！

諸如臉書、Instagram 等社群媒體可能危害孩子。即使忽略最壞的情況，例如網路獵手（online predator）、網路霸凌、憂鬱、自殺，就算是一件小事，累積一段時間後也可能變成大事，影響孩子的自尊或助長反社會行爲。

父母不可能永遠陪在子女身邊，尤其是孩子長大後。但我們能做的，就是教他們方法，讓他們有能力在現代社會成長茁壯。我們能用自我對話來大幅改善孩子的生活，今天就能做到！但一切得先從父母做起。我們必須言行一致，說到做到。

一想到教導孩子自我對話將如何改變世界，我就感到慷慨激昂，興奮不已。使用自我對話，不僅身爲父母的我們能過著更好的生活，下一代也會成長茁壯。把自我對話想成是保證孩子能通過未來考驗的事物！和我一起愛自己，示範給孩子看如何愛自己，讓我們的生活變得更好。我們能改變世界！

我知道這是有可能的，因爲我每天都在生活中見證。我用自己的咖啡時間自我對話積極影響生活中的其他人（家人、朋友、部落格讀者、社群媒體的朋友）。自我對話讓我成爲更有愛、更有同情心、更慈悲的人和父母。剛開始進行咖啡時間的自我對話時，我女兒立刻注意到我的態度和行爲有所不同。每天花好幾小時在家自學的她（由本人親自授課），眞的很滿意這個全新的我！

我們都知道孩子的好奇心有多麼旺盛，不妨善用這份與生俱來的好奇心。我女兒看見我在進行咖啡時間的自我對話，想弄清楚這是怎麼一回事，尤其我在iPhone上閱讀的腳本還有漂亮的圖片。她一直在我身後東張西望，想看我在手機上看什麼。這是教她認識自我對話的好機會，而且不必督促她學習。

我先生是聽自我對話長大的，他知道我在做什麼，不需要有人教。但是，我把自我對話和早晨咖啡這種日常儀式堆疊在一起，這個想法讓他躍躍欲試。他擁有心理學學位，非常相信儀式的力量和他稱之爲「安裝」刻意、有力的習慣，就像安裝電腦軟體一樣。

另一種用自我對話引起家人興趣的方法是直接在他們面前進行。我會在做家事時大聲說出某些自我對話，不在乎是否有人聽到。有一天，我在晾衣服時大聲說我有多熱愛生活。我是在對自己大聲說自我對話，但我知道女兒聽得到，因爲她就在那裡，用她的iPad。我說：「我們擁有最美好的生活，我們很幸福，很幸運。我們正在設計超酷的生活。我們擁有非常強大的力量，能讓夢想成眞，眞令人感到興奮。」

幾分鐘後，我女兒（她很喜歡寫故事）突然說：「我有一天要跟J. K.羅琳一樣有名！等一下，不對，我要**比她更有名**！」這是她擴大顯化的形式。喔，哇！我女兒還眞有雄心壯志啊！我在心裡尖叫，也在心裡跟自己擊掌。她已經把自己的心態和學習擴展爲全力以赴，設定「宏偉、艱難、大膽的目標」，而且還**大聲說出來**……都是因爲我正在以身作則。

讓孩子進行自我對話的第一步是以身作則，從自己做起。告訴他們你在做什麼，爲什麼要做這件事，分享你正在使用的腳本，這樣他們就能看見這些腳本，也了解這個過程。如果孩子還小，例如四到六歲，可將以下腳本念給他們聽，再請他們一句一句跟著你念一遍。孩子長大後，可能更喜歡獨自進行。我十歲的女兒更喜歡自己做，但如果我想跟她一起做，她也會順著我的意思。

試著養成習慣，每天在同樣的時間做這件事。可以是早上剛起床的時候，或是晚上哄孩子睡覺之前。孩子年幼時，可將他們抱在腿上，這是培養感情、共度時光的好方法。或者，朗讀自我對話給孩子聽，他們再跟著你念，這時他們可能喜歡像超級英雄那樣穿披風、拿盾牌。

等孩子年紀再稍微大一些，就可以自己朗讀，發揮創意製作自己的腳本。我女兒最喜歡的參與方式之一，是我允許她在浴室鏡子上用白板筆寫下她的自我對話，同時在旁邊畫圖。她創作的某些自我對話令我眼界大開。這年紀的孩子，例如七歲以上（包含七歲）的孩子，可能會注重做這件事的隱私，但情況因人而異。進行自我對話的方法並無對錯之分，躲在衣櫃裡或在屋頂上大吼大叫都可以。無論如何，你可以幫助他們找到做這件事的特殊時間和地點。重要的是他們會定期這樣做。

注意：如果自我對話的句子尚未成眞，孩子可能會詢問這些句子陳述的是不是事實。沒關係。只要解釋這不是撒謊，而是「我們只是在按照自己想要的方式寫大腦的程式」。

七歲以上（包含七歲）的孩子聽到腳本前，要先向他們解釋這件事。這能避免他們懷疑或對這個方法和你的動機感到困惑。

如果年紀更大的孩子這輩子都沒做過這件事，當他們看見自我對話帶給你多大的影響時，會非常感興趣。有些孩子一開始會排斥這個想法，這是個很好的跡象，反映了他們對自己的感受。在這種情況下，我會不惜一切努力讓他們貫徹到底，因爲即使他們一開始覺得這樣很虛僞或很蠢，這些強而有力的字詞仍然會編織到孩子的心靈裡，最後落地生根。

其實，在養成習慣時，一開始我甚至會賄賂孩子進行自我對話。例如，如果孩子同意連續二十一天每天做這件事，你可以提供獎勵，也可以每週獎勵一次。例如，也許他們可以每七天在 iTunes 挑選歌曲，或選一本書籍或遊戲。記得，年紀較大的孩子已經接觸到科技了，可能會想在自我對話裡加入音樂和圖畫，就像我在本書第一部建議成人的做法。我知道我的孩子喜歡貼紙和任何可以畫圖的活動，所以準備一本日記本和好的紙筆可能會很有趣。

最重要的是，要將自我對話介紹給任何年紀的孩子，年齡愈小愈好。無論只是每天重複一句話數次，或朗讀整份腳本，都是在讓幫助孩子建立正向的自尊，讓他們更有機會獲得傲人的成就，以及收穫滿滿的愛。

## 給兒童的自我對話腳本

我值得愛。
我喜歡自己。
我是個偉大的創造者，我喜歡探索。
愛自己很有趣。
玩耍、探索、做自己很好玩。我喜歡自己。

外面有個充滿機會的世界在等著我。我對生活感到興奮。
只要全心投入，沒有我做不到的事。這種感覺很棒。
我喜歡爲別人做好事，因爲這麼做的感覺很好。
我是個好孩子，我整天都有這種感覺。
我是個好人。
在說話或做事前，我會考慮別人的感受。
我時時刻刻全心全意地感受愛。
我是自己的啦啦隊。加油，我要加油！
我喜歡幫助別人。
我喜歡照顧我的身體，因爲我的身體讓我保持健康強壯。
我喜歡新的事物，因爲很有趣。
我值得愛和尊重。
我隨時準備好學習，因爲我有很棒的大腦。我態度堅決，每天都盡全力學習。
我閃閃發光，照亮了生活，因爲我充滿了能量和愛。
人生是場有趣的大冒險，我每天都很期待醒來。

我是個有趣的人，每天都過得很開心。

我富有創意，充滿想法，而且有能力。我樂於接受挑戰，並全力以赴堅持到底。

凡事都有可能，因爲我勢不可擋。無論如何，我都會勇往直前！

我有很多有創意的想法，因爲我敞開心胸接納它們。

我愛我自己，一直都愛。

# 結語

# 幫助他人進行咖啡時間的自我對話

你可能無法改變別人，但可以做點事來激勵他人主動做出改變。你可以做好自己，散發耀眼的光芒，過得開心快活。其他人會被你吸引，想花更多時間和你在一起。你會用新發現的正能量吸引他們。我一直記得一場晚宴，當時有對夫妻坐在我們對面，那位妻子對我說：「我眞的很喜歡跟你在一起，你的心態眞好。」聽到這句話，我樂得眉開眼笑。

這種現象有個名稱，叫作「情緒感染力」，意思是你可以在不知不覺中影響其他人的情緒。讓別人心情變好的方法之一，是讓他們觀察你正在做出的改變，藉此激勵他們。如果你覺得自己是世界上最幸福的人，正能量就會從身上散發出來，滲入其他人體內。

當其他人開始問你：「你的心情爲什麼總是這麼好？」不要覺得驚訝。一旦他們開口問，就開啓了對話的大門。這就是你引起他人興趣的時候，利用這個機會分享自己的故事，解釋你是如何使用咖啡時間的自我對話改變人生。

其實，一切都得先從改變自己做起。其他人看到後，也會想跟你做同樣的事！利用這種情況，分享你正在做的事。告訴他們你的咖啡時間自我對話新慣例，把這本書借給他們，並解釋心情這麼好其實是很簡單的一件事。誰不想這樣呢？

咖啡時間的自我對話是很簡單的日常慣例，每天只花五分鐘，卻能改變你的人生。說話、思考、感覺的方式影響了生活中的一切。善用這一點，打造有史以來最棒、最精采的生活。活出美好人生，因為你**值得**！

為了讓我的每一天變得更好，咖啡時間的自我對話是我經常做的事情之一。加入我的部落格 HappySexyMillionaire.me，我在那裡分享更多跟這個好方法有關的訊息，也提到為了創造快樂性感百萬富翁的生活，正在做哪些精采、有趣、刺激的事。

> 你在這個星球上的每一秒都非常珍貴，而讓自己快樂是你的責任。
>
> ——納瓦爾・拉維肯（Naval Ravikant）

國家圖書館出版品預行編目資料

咖啡時間的自我對話：5分鐘改寫潛意識，實現任何目標／克莉絲汀．黑姆施泰特（Kristen Helmstetter）著；聿立 譯.
-- 初版. -- 臺北市：方智出版社股份有限公司，2022.06
288 面；14.8×20.8公分. --（自信人生；178）
譯自：Coffee self-talk : 5 minutes a day to start living your magical life
ISBN 978-986-175-677-6（平裝）
1.CST: 自我肯定 2.CST: 生活指導
177.2 111005439

Eurasian Publishing Group
圓神出版事業機構
用心與你對話．視野無限寬廣
方智出版社
Fine Press

www.booklife.com.tw
reader@mail.eurasian.com.tw

自信人生 178

# 咖啡時間的自我對話：

## 5分鐘改寫潛意識，實現任何目標（收錄夢想成眞「自我對話腳本」）

作　　者／克莉絲汀．黑姆施泰特（Kristen Helmstetter）
譯　　者／聿立
發 行 人／簡志忠
出 版 者／方智出版社股份有限公司
地　　址／臺北市南京東路四段50號6樓之1
電　　話／（02）2579-6600．2579-8800．2570-3939
傳　　真／（02）2579-0338．2577-3220．2570-3636
總 編 輯／陳秋月
副總編輯／賴良珠
主　　編／黃淑雲
責任編輯／溫芳蘭
校　　對／胡靜佳．溫芳蘭
美術編輯／李家宜
行銷企畫／陳禹伶．王莉莉
印務統籌／劉鳳剛．高榮祥
監　　印／高榮祥
排　　版／陳采淇
經 銷 商／叩應股份有限公司
郵撥帳號／18707239
法律顧問／圓神出版事業機構法律顧問　蕭雄淋律師
印　　刷／祥峰印刷廠
2022年6月　初版
2024年1月　2刷



定價340 元　　ISBN 978-986-175-677-6